L'homme qui ne devait pas être Président

Antonin André
Karim Rissouli

L'homme qui ne devait pas être Président

Albin Michel

Ouvrage publié sous la direction
d'Alexandre Wickham

À Juliette.

À Mélanie.

Prologue

« *Ce serait anormal de ne pas gagner ! Il faudrait vraiment avoir fait une campagne déplorable !* » François Hollande joue les augures devant quelques journalistes. La scène se déroule le 14 mars 2011 au restaurant Tante Marguerite, à quelques mètres de l'Assemblée nationale. Depuis le voyage à Alger quelques mois plus tôt, au cours duquel François Hollande dessina les contours de sa « présidence normale », nous sommes convaincus que le personnage clé de la gauche pour 2012 est attablé avec nous aujourd'hui. Cet homme auquel personne n'accorde aucune chance, dominé dans les sondages par DSK, marginalisé au PS par Aubry, gommé par les médias au profit de Ségolène Royal. Enterré par ses camarades au congrès de Reims en novembre 2008, il décide de se remettre au travail. Avec pour seul atout une poignée de fidèles. Ignorée des journalistes, la petite entreprise Hollande mise sur la discrétion et le long terme pour aborder la phase décisive des primaires, puis la présidentielle.

Dans cette traversée du désert, nous n'avons jamais rompu le contact avec Hollande. Au soir de l'élection de Martine Aubry à la tête du PS, il nous annonça la fraude sans la nommer, évoquant dans nos échanges de textos *« un retournement inattendu »* au cours de la soirée. Un an plus tard, à l'automne 2009, lorsque nous révélons l'ampleur des fraudes qui ont entaché l'élection, il manifeste le souhait de nous voir, pour *« une discussion franche »*. Rendez-vous est pris au premier étage d'un petit salon de thé du 7e arrondissement parisien, un matin pluvieux. Hollande, sans remettre en cause nos révélations, défend son parti et à travers lui son propre engagement. *« Le PS, ce n'est pas seulement ce que vous décrivez : des haines recuites et des gens qui cherchent à se nuire. Le parti, ce sont des élus, des militants qui ont un idéal, qui partagent une histoire commune. »* L'échange est vif, contradictoire, sincère.

Tout au long des mois suivants, nous le revoyons régulièrement, au cours de déjeuners ou de déplacements. Jusqu'à ce voyage à Alger, au mois de décembre 2010, qui déclenche l'idée d'entamer le récit de la présidentielle dans son sillage. Au mois de septembre 2011, nous lui annonçons notre intention d'écrire un livre sur son improbable remontée. Notre pari : cet homme sur lequel personne n'a jamais misé un euro est le prochain président de la République. Comme dans n'importe quel domaine, il faut avoir des éléments concrets pour parier : l'homme est expérimenté, il s'est préparé, il est entouré et il est solide.

Mais il y a aussi une part de chance. Ça tombe bien, le futur président n'en est pas dépourvu. Son ami Julien Dray le qualifie même de *« gagnant du Loto »*. *« En 1981, François rentre dans l'équipe de Jacques Attali, ce qui lui permet d'accéder à l'Élysée,* raconte-t-il quelques jours après la désignation de François Hollande. *En 1993, il perd son siège de député, mais Jospin le choisit pour en faire son porte-parole alors que rien ne l'y prédestine. Plus tard, en 1997, Jospin entre à Matignon, Cambadélis devait être nommé premier secrétaire et là, coup de bol, Jospin choisit Hollande. »* Pour Julien Dray, même le 21 avril 2002 constitue une chance pour Hollande. Dans la nuit qui suit le coup de tonnerre, il le lui dit : *« C'est une chance historique pour toi. »* Hollande ne comprend pas tout de suite le raisonnement. *« Si tu fais ce qu'il faut, ce sera toi le candidat en 2007. »* Chargé de relever un parti orphelin de Jospin, de rassembler des éléphants sonnés, le premier secrétaire a la voie dégagée par l'accident qui vient de se produire. La comète Royal retardera la prophétie mais, à une présidentielle près, Dray avait vu juste. *« François, c'est simple, c'est un anti-chat noir, le genre de mec que tu as plutôt intérêt à fréquenter. »* À entendre Ségolène Royal, qui a partagé sa vie, la chance serait même la qualité principale de Hollande. *« Il a eu un nombre de coups de bol incroyable. Son ascension, c'est une accumulation de circonstances »*, affirme-t-elle. Dernière en date, selon Royal, *« l'affaire du Sofitel de New York »*. *« C'est ce qui est arrivé à DSK qui fait qu'il est parvenu jusqu'à la présidentielle. Sinon il aurait été écrasé par le rouleau compresseur*

Strauss-Kahn[1]. » Un « homme normal » protégé par la chance ? Un peu court pour expliquer son ascension jusqu'au sommet.

Au fil des mois qui ont précédé le dénouement, nous avons donc enquêté dans le monde secret de François Hollande. Il a accepté de nous répondre, nous livrant quelques clés, quelques pistes. Nous avons rencontré ceux qui l'accompagnent depuis longtemps – notamment ses anciens camarades de l'ENA – et sont devenus les pièces essentielles de son dispositif. Ségolène Royal, son fils Thomas Hollande et la poignée de fidèles qui a toujours cru en lui nous ont également dévoilé certains épisodes méconnus et pourtant décisifs dans le parcours du futur président de la République. Le premier « président normal » de la Ve République ?

---

1. Entretien avec les auteurs, le 23 janvier 2012.

1

Hollande Président !

Il est tout juste 18 h 30 à Tulle. Un ultime appel aux sondeurs pour être bien certain que la tendance ne s'inversera plus. Aquilino Morelle, la « plume du candidat », décroche son téléphone pour passer le coup de fil le plus important de sa carrière politique. Le patron de l'institut Louis Harris est formel : François Hollande ne peut plus être rattrapé. « *Louis Harris nous donne à 53,3*, souffle Aquilino Morelle, à la fois ému et déjà solennel. *Ça peut encore être corrigé à la marge, mais les bases du sondage sont certaines. Tu es président de la République, François !* » Dans la foulée, la Sofres confirme l'information à Christian Gravel, en charge de la communication du candidat et qui est lui aussi dans le bureau du nouveau Président. François Hollande, relâché, esquisse un large sourire. « *Il a accueilli la nouvelle très sereinement,* confie Gravel. *Il y avait à la fois du plaisir et de la gravité.* »

Comme souvent les soirs d'élection, le héros du jour a pris ses quartiers dans son bureau du conseil général sur les hauteurs de Tulle. Valérie Trierweiler, la femme qui partage désormais sa vie et s'est révélée très présente depuis le début de la campagne, est à ses côtés. Et comme son prédécesseur avec les Nivernais à Château-Chinon le 10 mai 1981, les fidèles Corréziens ont été conviés dans le saint des saints un peu avant 20 heures. Leur « François » va changer, ils le savent.

Déjà, il n'est plus exactement le même homme. Premier signe visible, dès 18 heures, quand le siège du conseil général semble soudainement envahi par des forces de l'ordre que les suiveurs du PS n'avaient jamais vues jusqu'ici. Des membres du GIPN, le groupement d'intervention de la police nationale, font leur apparition. « *Nous sommes présents discrètement depuis plusieurs semaines, dans l'ombre du candidat. À 18 heures, lorsque nous avons su qu'il était élu, nous sommes apparus au grand jour* », souffle l'un d'entre eux.

Depuis la fin de l'après-midi, la place de la cathédrale dans le centre de Tulle est noire de monde. C'est ici que le vainqueur délivre son premier discours présidentiel. Une première apparition sur une petite place de province, accompagné par un air d'accordéon. Loin du Fouquet's et de Mireille Mathieu, symboles de la victoire de 2007. Le nouveau Président a choisi d'emblée l'effet de contraste total ! Ensuite vient un – long – discours dont le maître mot, *« servir »*, souligne la gravité que ressent le nouveau Président, conscient des dossiers décisifs qui l'attendent en ce moment historique.

20 h 15 dans le 8e arrondissement de Paris, la voiture de Nicolas Sarkozy vient de quitter l'Élysée. Le perdant est déjà au téléphone avec François Hollande. Il reconnaît sa défaite et félicite celui qui lui a fait mettre genou à terre.

La première soirée de chef d'État du Corrézien est d'ailleurs une histoire de coups de fil. Celui de son fils Thomas, resté à Paris, à 19 h 32. *« J'ai du mal à réaliser tant que ce n'est pas officiel »*, confie-t-il ému à son père. Ségolène Royal aussi a parlé plusieurs fois à son ex-compagnon tout au long de la journée, confirme son entourage.

Coup de fil d'Angela Merkel, sans doute le plus savoureux. La chancelière allemande avait soutenu Nicolas Sarkozy et était suspectée d'organiser le boycott anti-Hollande des conservateurs européens. Elle est la première dirigeante étrangère à appeler « *Herr Hollande* » pour le féliciter et l'inviter à Berlin dès que possible. Le Président élu est alors en route pour l'aéroport de Brive. Quelques heures plus tard, c'est Barack Obama qui le convie à la Maison Blanche. Pas de temps à perdre. Le nouveau chef de l'État enfile en quelques heures le costume du pouvoir. En moins de deux semaines, lui qui déteste ne pas dormir chez lui enchaînera un G8 – le sommet des huit pays les plus puissants du monde – à Camp David, la résidence privée du Président américain, puis un sommet de l'OTAN, à Chicago.

Pendant ce temps, une fête a été organisée place de la Bastille, où le peuple de gauche tient sa revanche. Enrico Macias ne s'extasie plus devant le physique des filles de Cécilia Sarkozy, et Yannick Noah a remplacé la chanteuse populaire. On y croise des anonymes, des figures de la gauche du spectacle comme la réalisatrice Josiane Balasko ou Guy Bedos, ainsi que la quasi-totalité du futur gouvernement. Tout ce que le PS compte de têtes connues a fait le détour pour rejoindre la place où le sacre de François Mitterrand avait été célébré trente et un ans auparavant.

Ce soir-là, tous semblent avoir oublié comment ils parlaient du vainqueur il y a peu. Le successeur de Mitterrand n'est plus l'homme décrié sur lequel ironisaient ses rivaux au PS, le candidat sous-estimé du début à la fin de la campagne par son adversaire, mais un extraordinaire stratège qui a été capable de briser la malédiction de la gauche à la présidentielle. « Hollande Président ! » Pour ceux qui y ont cru dès le début de cette incroyable aventure comme pour ses anciens détracteurs, la sensation est vertigineuse.

Le pouvoir, l'appréhension à l'idée de se retrouver à l'Élysée du jour au lendemain, le nouveau chef de l'État avait accepté de nous en parler quelques jours avant le premier tour. « *Peur ? Si j'avais eu peur, je ne me serais pas présenté. Le pouvoir en tant que tel ne m'effraie pas. Je le connais, le pouvoir. Je l'ai fréquenté. C'est plutôt ce qui attend le prochain Président qui est lourd. Rien ne sera facile, ni sur le plan économique, ni sur le plan politique, puisqu'il existera trois oppositions : l'extrême droite, la droite et éventuellement une opposition de gauche. Tout cela pèse au moins 60 % ! Donc vous commencez avec une majorité dans le pays qui est étroite*[1]. » L'état de grâce sera de courte durée. Hollande, lucide, le sait. Ses proches aussi. *« Enfin les difficultés commencent »* commente Jean-Marc Ayrault peu de temps après la victoire. Le regard rivé sur les images de la Bastille en liesse à la télévision, un conseiller de l'ombre conclut : *« La fête va durer deux jours, après ça va être dur, très dur. »*

---

1. Entretien avec les auteurs, le 17 avril 2012.

2

Alger, naissance d'une légende

« *Le temps d'un président normal est venu !* » Sous le soleil d'Alger, ce 9 décembre 2010, François Hollande dessine les traits de sa candidature à la présidentielle. Au détour d'une interview. Instinctivement. Est-ce la chaleur écrasante ? Une trentaine de degrés en plein hiver, même à Alger, ce n'est pas courant. La beauté du panorama ? Vue plongeante sur la Méditerranée et le vieux quartier populaire de Bab El Oued. Ou peut-être l'intuition, déjà, que la présidentielle française sera avant tout affaire de style, de tempérament, de caractère ? La légende de François Hollande retiendra la dernière. Mais comme souvent en politique, la vérité est moins évidente et le hasard un facteur décisif.

En cette fin d'automne 2010, la rivalité entre Martine Aubry et Ségolène Royal est à son comble. Le 29 novembre, dans un entretien donné à plusieurs quotidiens régionaux, l'ex-candidate à la présidentielle a ouvert les hostilités en se lançant dans la primaire. Martine Aubry et Dominique Strauss-Kahn assument leur pacte publiquement. La guerre de ces trois-là aura bien lieu. François Hollande en est encore au stade de l'échauffement, enchaînant les tours de piste dans une relative indifférence. Le premier round du duel Aubry-Royal va se jouer en banlieue parisienne, dans un maelström médiatique à rendre fous les « solférinologues » les plus aguerris. Ce mercredi 8 décembre, Ségolène Royal convoque la presse dans la matinée au conseil général du Val-d'Oise. Pour son premier déplacement de candidate, la présidente de Poitou-Charentes mise sur la banlieue, avec une visite dans les quartiers populaires de Cergy-Saint-Christophe. Tous les chroniqueurs du PS sont présents. La première sortie de Royal est un événement, un spectacle qui s'affichera en une.

Seuls quelques confrères manquent à l'appel. Quatre, pour être précis. Marie-Bénédicte Allaire de RTL, Hélène Hug de France 2, Rosalie Lucas du journal *Le Parisien* et Christine Pouget de l'AFP. Ces quatre journalistes ont rendez-vous au même moment rue de Solférino, pour suivre une visite tenue secrète de Martine Aubry… en banlieue. « *Venez en voiture banalisée non siglée. Vous ne connaîtrez pas le lieu du déplacement avant le départ de Solférino. Et bien sûr aucune fuite, sinon pas de virée en exclu avec la première secrétaire.* » Les consignes sont strictes. On se croirait dans un film de James Bond. Les quatre médias convoqués au PS ignorent quels confrères ont été autorisés à suivre la mission avec eux. Mais la virée tourne vite au rodéo. À Cergy, la conseillère presse de Ségolène Royal a eu vent de l'expédition et décide de vendre la mèche aux journalistes présents au conseil général du Val-d'Oise. *« Ah, vous êtes là ? Vous n'êtes pas avec Martine Aubry à La Courneuve ? »* balance l'ancienne journaliste Françoise Degois sur un ton faussement détaché. Opération réussie : David Revault d'Allonnes, chroniqueur du PS pour *Libération*, sort de ses gonds. Au téléphone, il éructe contre le service de presse de Martine Aubry : *« Vous ne nous avez pas prévenus ! Non mais c'est dingue ! »* TF1 et France 2 tenues à l'écart sont en ébullition. Les chefs des services politiques sont alertés. Rue de Solférino, c'est le branle-bas de combat. Martine Aubry cavale dans l'escalier et s'engouffre précipitamment dans sa voiture. *« Dépêchez-vous !* hurle le service de presse aux quatre journalistes médusés, *il faut qu'on décolle avant que les autres rédactions envoient des équipes ici pour nous suivre. »* La campagne de la primaire démarre sur les chapeaux de roues et dans un bordel médiatique d'où émergent deux personnalités opposées. François Hollande, lui, n'est pas encore dans le « story telling ». À 1 500 kilomètres de Paris, entouré d'une poignée de journalistes qui ont arraché à leur rédaction un billet pour Alger, le futur candidat pose l'acte fondateur de sa campagne présidentielle.

Ce jeudi midi, François Hollande achève un déplacement de quarante-huit heures dans la capitale algérienne, censé lui apporter ce qui lui manque le plus : la dimension internationale et la stature d'un homme d'État. DSK est au firmament dans les sondages. Hollande s'accroche, loin derrière. Il n'est déjà plus *« Monsieur 3 % »*, mais à Paris comme à Alger, absolument personne ne voit en lui le futur chef de l'État. Pas assez clinquant, pas assez charismatique, pas assez populaire pour l'emporter. D'ailleurs, depuis des mois, on lui pose la question : *« Monsieur Hollande, DSK et vous, vous êtes exactement les mêmes sur le fond. S'il rentre de Washington, vous vous retirez ? »* Et depuis des mois, le député de Corrèze fait la même réponse : « *Nous sommes socialistes tous les deux, mais nous avons des parcours différents, des tempéraments différents.* » Réponse inaudible. En cette fin d'automne, le patron du FMI est une superstar, un médecin de la finance mondiale qui vole au secours des économies malades. Personne, malgré les rumeurs, ne l'imagine sérieusement en consommateur régulier de prostituées. Nafissatou Diallo est une inconnue, le Carlton de Lille, un simple hôtel de luxe du Nord, et François Hollande un gentil présidentiable qui rentrera dans le rang le jour venu.

Mais à Alger, ce 9 décembre, l'ancien premier secrétaire du PS va réussir à transformer ses faiblesses personnelles en atout politique. Après une série de rencontres au pas de charge, du FLN au légendaire Ben Bella, notre homme s'autorise une halte touristique sur les hauteurs d'Alger. Visite de la basilique Notre-Dame d'Afrique et ultime interview avec les quelques journalistes qui ont fait le déplacement. *« Monsieur Hollande, n'êtes-vous pas trop gentil pour un combat comme la présidentielle, pas assez mordant pour un homme politique ? »* Réponse : « *Moi, je ne suis pas pour prendre au collet mes adversaires, pour les clouer à un croc de boucher... Est-ce que je suis normal ? Oui. Et je vais vous dire, je pense que le temps d'un président normal est venu.* » François Hollande vient de théoriser la stratégie de « l'homme normal », anti-portrait de Nicolas Sarkozy et de Dominique Strauss-Kahn. Fin de l'interview, le cortège repart, motards en tête, toutes sirènes hurlantes. Dans la berline bleu nuit qui redescend les pentes de Bab El Oued, il est accompagné de l'un de ses proches, Kader Arif. Le député européen à l'accent toulousain est stupéfait : « *François, j'ai bien entendu "président normal" !?...* »

Hollande hésite un instant. Il semble lui-même troublé par cette sortie non préméditée : « *Oui, c'est ça... Le temps d'un président normal est venu. T'en penses quoi ? C'est bien, non ?* » interroge-t-il comme pour se rassurer.

Kader Arif, bluffé par l'intuition de son patron, valide le concept : « *Président normal... Oui, c'est pas mal du tout...* »

En une phrase, François Hollande installe une candidature différente. La formule, lancée sur les bords de la Méditerranée, lui servira de slogan pendant toute la première moitié de l'année 2011. L'homme normal contre le maître du monde capitaliste. Hollande contre DSK. Le duel est installé, Royal et Aubry progressivement évincées.

Un an après Alger, dans un TGV direction Nancy. Le candidat normal se félicite de sa trouvaille. La campagne lui donne raison. Nous sommes le

8 octobre 2011, veille du premier tour de la primaire socialiste. L'ancien patron du PS a le trac des favoris, l'angoisse de ceux qui ont fait la course en tête depuis le début et qui ont peur du dérapage. Il repense à ces trois dernières années, à son incroyable remontée et place l'épisode d'Alger parmi les moments fondateurs de sa campagne. « *Les Français voulaient un homme normal. Il y avait un film de John Ford qui s'appelait* L'Homme tranquille. *Eh bien là, ils ne voulaient pas un homme tranquille, mais un homme normal*[1]. » Était-ce vraiment un hasard ? La chance de trouver ces mots-là, à ce moment-là ? « *À Alger, je n'avais pas prévu de dire là, devant Notre-Dame d'Afrique, que j'étais un homme normal. Mais parfois vous dites quelque chose et ça fait sens. C'est pour ça que c'est un moment très important pour moi. Depuis le départ, mon opinion, c'est que les Français veulent battre Sarkozy. La popularité de Strauss tenait essentiellement à ça. Il était le bélier qui permettrait de battre Sarko. Pour battre Strauss-Kahn, je n'avais pas d'autre choix que de montrer, avec la stratégie de l'homme normal, que j'étais le mieux placé pour battre Sarkozy.* » Rien de prémédité donc. Mais, comme souvent chez lui, ce qui ressemble à une fulgurance est le résultat d'une réflexion personnelle plus ancienne.

Cette étonnante formule a une histoire. Au scepticisme de certains dans son entourage, peu séduits par l'idée de la normalité, Hollande oppose des

1. Entretien avec l'un des auteurs, le 8 octobre 2011.

arguments précis qui témoignent du cheminement de son personnage. « *Je me suis demandé quels reproches on me ferait une fois candidat. Je n'ai pas été ministre, mon parcours n'a rien d'exceptionnel, peu d'expérience à l'international, simplement la Corrèze. Je me suis dit qu'il fallait que je tire avantage de tout cela. Aux côtés de Jospin, en tant que premier secrétaire du PS, j'étais reconnu comme étant partie prenante des grandes décisions, mais jamais comme premier rôle. Cette fois, il fallait que je me mette à mon compte. Avec l'"homme normal", on ne me regarde plus comme un ancien premier secrétaire associé à un PS qui n'a pas bonne presse, mais comme un homme nouveau, un candidat neuf avec des idées nouvelles, défiant un président et un candidat autoproclamé par le système. Dès lors, tous mes handicaps deviennent des atouts : la Corrèze redevient un ancrage, avec un Chirac me donnant d'une certaine façon l'imprimatur ; mon éloignement du PS me permet de porter mes propres idées. Bref, je recrée un espace pour être écouté*[1]. »

Cette inspiration vient sans doute de plus loin encore. La première pierre, c'est un conseiller de l'ombre quasi clandestin qui l'a posée sans le savoir, le 9 décembre 2004. Ce jour-là, la journaliste de *Paris Match*, Valérie Trierweiler, consacre trois pages au premier secrétaire du parti socialiste. C'est l'homme politique de l'année. Victoire aux régionales, aux européennes, aux cantonales, aux sénatoriales et lors du référendum interne au PS sur la Constitution européenne. Une « *année aux cinq victoires* (...) *qui restera gravée* », écrit la journaliste.

1. Entretien avec les auteurs, le 17 février 2012.

À cette époque, personne ou presque ne sait. Le grand public, les journalistes, la majorité des responsables politiques ignorent la nature exacte de leur relation. Le portrait de François Hollande est à la fois très précis et un brin empathique. Valérie Trierweiler y retrace son parcours, de l'enfance joyeuse à Rouen à la rencontre avec la « *belle Ségolène* » sur les bancs de l'ENA et le moment de « *la concrétisation de cet amour François-Ségolène* », dans la maison familiale de Michel Sapin à Argenton-sur-Creuse. Elle raconte la vie de cet homme qui ressemble tant à sa mère. « *Elle lui a transmis sa gentillesse et son dynamisme, lui a appris à ne pas humilier les autres* », écrit encore la future première dame, avant de conclure sur une étonnante analyse, quasi prémonitoire : « *Les militants aiment ce premier secrétaire qu'ils appellent par son prénom. Mais auront-ils envie de le désigner comme candidat ? C'est la question que se pose François Hollande : "Les Français peuvent-ils élire quelqu'un de normal ?" Au fond, n'est-ce pas anormal, quelqu'un d'aussi normal ? (...) Vouloir devenir président de la République, est-ce vraiment normal*[1] ? »

1. *Paris Match* daté du 9 décembre 2004.

3

Les illuminés

La scène se déroule fin novembre 2008, quelques minutes après la passation de pouvoir glaciale avec Martine Aubry. Après onze ans de service, Hollande et ses hommes quittent la rue de Solférino et marchent sur le boulevard Saint-Germain. Entre tristesse et nostalgie. Il y a là le dernier quarteron de fidèles. Le Sarthois Stéphane Le Foll, lieutenant numéro un, dévoué corps et âme à son patron depuis une quinzaine d'années, ou encore Faouzi Lamdaoui, socialiste inconnu du grand public qui s'est entiché du premier secrétaire sortant. Eux pensent que leur champion est le meilleur pour 2012. Mais lui, que souhaite-t-il faire ? A-t-il la volonté d'aller jusqu'au bout ? Est-il plus motivé qu'en 2007, quand il a laissé filer Royal, au grand dam de ses proches ? C'est François Hollande qui rompt le silence : « *Maintenant, il faut se préparer pour la suite.* » Et comme souvent, c'est Stéphane Le Foll qui pose les questions qui fâchent : « *OK, François, se préparer pour la suite, mais c'est à toi de te préparer ! Ça veut dire qu'on ne se mêle plus du parti ! Tu joues l'opinion main-*

tenant, tu as fait du parti pendant onze ans, c'est fini ! Est-ce que tu as vraiment envie d'y aller ? Si oui, je suis là. Je t'aide. » L'ancien premier secrétaire, ferme et décidé, clôt la conversation : « *On y va. Préparons la suite.* » Pendant que ségolénistes et aubrystes se déchirent, cette poignée de rêveurs va donc se mettre tout doucement en marche.

En cette fin d'année maussade, les troupes du futur président de la République se résument à une dizaine de soldats. Ils sont prêts à se battre pour une cause que beaucoup pensent perdue d'avance. Les journalistes les regardent, au mieux, avec compassion mais, le plus souvent, avec un mélange de pitié et d'incompréhension. Pourquoi suivre un homme à l'image si décriée au sein de sa propre famille, quand ils pourraient se ranger derrière la bannière de l'imam caché de Washington ou de la patronne du parti ? Quant aux autres, barons ou militants du PS, ils s'interrogent : pourquoi s'entêter, alors que, sondage après sondage, leur idole reste scotchée dans les eaux basses de l'impopularité ? À l'époque, ceux qui suivent encore Hollande sont comparés aux premiers chrétiens ou, pire, aux adeptes d'une secte en perdition, persuadés d'avoir raison. Seuls contre le reste du monde.

Première semaine de janvier 2009, dans un café ordinaire du boulevard Sébastopol à Paris. Ces illuminés se retrouvent pour un premier rendez-vous. Hollande a joué de la synthèse pendant onze ans et n'a jamais créé le moindre courant au sein du PS. Il ne dispose donc d'aucune structure susceptible de l'appuyer dans cette longue traversée du désert qui l'attend. Ses fidèles imaginent ce jour-là l'association « Répondre à gauche », un mouvement qui doit permettre de rassembler des intellectuels, des experts et toutes les bonnes volontés prêtes à suivre leur mentor jusqu'à la primaire du parti. Autour de la table, tous ceux qui constitueront demain la garde rapprochée du futur président de la République. Des têtes connues du cénacle socialiste et des inconnus du grand public, tous des personnages clés du dispositif. Stéphane Le Foll est désigné président de cette association, futur camp de base de l'ascension vers l'Élysée. Le député Bruno Le Roux en est le secrétaire, Faouzi Lamdaoui, le secrétaire adjoint. Isabelle Sima, une Corrézienne qui connaît Hollande depuis trente ans, et Dominique Villemot, avocat d'affaires, ont eux aussi répondu à l'appel. Avec une poignée d'autres irréductibles, notamment les Bretons Bernard Poignant et Jean-Yves Le Drian, ils forment l'équipe qui le propulsera au sommet de l'État. Le candidat peut tout leur dire, ils peuvent tout entendre, ils ne lâcheront rien pendant la campagne présidentielle. « *On s'est dit : on est à 3 %, on n'a rien à perdre. Au parti, ils voulaient tous nous faire la peau. Et on est partis à la bataille. À l'époque, on n'avait pas beaucoup d'amis et aujourd'hui j'en ai tellement que je ne peux même plus répondre au téléphone. On a tout mis, même notre argent*[1] », se souvient Lamdaoui.

1. Entretien avec l'un des auteurs, le 8 octobre 2011.

« *Cette époque a été dure psychologiquement* », confirme Dominique Villemot, pièce maîtresse du dispositif. Deux ans et demi plus tard, attablé dans un restaurant de la rue Saint-Dominique à Paris, l'ami de François Hollande parle de cette période charnière en souriant : « *On nous appelait "les 3 %" et on nous regardait comme des illuminés. Mais à ce moment-là, on était les seuls à s'occuper de la présidentielle. Si on gagne, c'est grâce à cette période-là ! Le programme de François d'aujourd'hui, c'est celui qu'on a fait en petits groupes : les pactes productif, éducatif, redistributif, ça date de ce moment-là ! Les autres ténors du parti étaient persuadés qu'on n'existait plus, mais comme François n'avait plus rien à faire, on a travaillé. Je pense que c'est ce qu'a fait Chirac en 1994, tout seul à l'Hôtel de Ville ! Les autres n'ont rien compris*[1]... » C'est l'époque de l'artisanat, des réunions à cinq ou six, pas plus. Les irréductibles se retrouvent régulièrement au cabinet de Dominique Villemot, rue Vivienne, dans le 2e arrondissement de Paris, ou au domicile de François Hollande et Valérie Trierweiler dans le 15e. C'est ici que sont nés les fameux contrats de génération, lors d'une discussion à bâtons rompus entre Le Foll, Villemot et Hollande. « *On était comme des clandestins* », raconte encore l'avocat d'affaires. L'homme, simple et discret, aborde la campagne présidentielle avec gourmandise en ce début d'année 2012. Ce moment, il l'attend depuis longtemps, dans l'ombre de « François ». Camarade de promotion de Ségolène Royal à Sciences-Po en 1973

1. Entretien avec les auteurs, le 12 janvier 2012.

et quelques années plus tard du couple à l'ENA, il intègre le ministère des Finances en 1980. Au Budget, son ministre de tutelle s'appelle Maurice Papon.

Quand la gauche arrive aux affaires l'année suivante, il est l'un des artisans de la mise en place de l'impôt sur les grandes fortunes avec Laurent Fabius. Dominique Villemot, c'est une pièce indispensable, incontournable. Il n'a pas de bureau au QG de campagne, son nom n'est cité nulle part, mais ce passionné d'histoire est l'une des plumes attitrées de Hollande. Le *« rêve français »* que le candidat promet d'incarner, c'est lui. Le discours du 22 janvier 2012 au Bourget porte sa marque. En 2007, Henri Guaino truffait les speechs du candidat Sarkozy de références aux grands personnages de l'histoire de la gauche comme Blum et Jaurès. En 2012, Dominique Villemot préfère les républicains célèbres du XIXe siècle qu'ont été Gambetta et Clemenceau, et emprunte à la droite son héros : le Général. *« Tous ces grands hommes ont eu à s'ériger contre le défaitisme et le conservatisme,* décrypte-t-il, *en cela Hollande doit marcher dans leurs pas. D'une certaine façon, la remise en cause des congés payés et des acquis sociaux avant-guerre, le repli sur soi, sont assez comparables – toutes proportions gardées – à ce que prônent aujourd'hui les conseillers de Sarkozy quand ils dénoncent les 35 heures comme la source de tous les maux. Hollande doit, lui, s'appuyer sur la démarche de De Gaulle, celui qui relève l'espérance. »* À la fois architecte du discours du candidat et haut fonctionnaire, cet ami de trente ans sera à l'évidence, demain, au cœur du pouvoir.

Avec Dominique Villemot, une bonne partie de la promotion Voltaire, sortie de l'ENA en 1980, s'est rangée très tôt aux côtés de l'homme que les éléphants du parti ne prennent pas au sérieux. Il y a évidemment Michel Sapin, plusieurs fois ministre et qui sera l'un des piliers du futur gouvernement. Sapin, c'est l'ami intime, témoin des premiers flirts entre François et Ségolène. *« François a débarqué dans ma maison familiale d'Argenton-sur-Creuse avec, à son bras, Ségolène pour un week-end de promo. On ne la connaissait pas très bien. »* Une vingtaine d'années plus tard, après leur séparation, Sapin accueillera François Hollande pour un week-end à la campagne avec Valérie Trierweiler. *« J'ai eu un doute au moment de leur attribuer une chambre, je ne voulais pas qu'il se retrouve dans la même chambre que lors de ce week-end de promo. »* Ancien ministre de l'Économie et des Finances dans le gouvernement de Pierre Bérégovoy, puis de la Fonction publique sous Lionel Jospin, Michel Sapin est perçu comme l'un des meilleurs connaisseurs des rouages de Bercy et de la machine d'État.

Dans le tout premier cercle, on trouve aussi André Martinez, l'ancien patron d'Accor rencontré à HEC en 1973. Jean-Maurice Ripert, conseiller de Lionel Jospin à Matignon, apporte son expertise diplomatique. Député socialiste dans les années 80, Jean-Marie Cambacérès aide le candidat par sa connaissance du parti et du monde asiatique. Et puis, il y a un revenant. Peut-être le plus important d'entre eux aux yeux de Hollande : Jean-Pierre

Jouyet. « *Je crois qu'on a besoin l'un de l'autre* », explique avec un regard à la fois sincère et ému celui qui a croisé le chemin du favori des sondages dans une chambrée militaire de Coëtquidan au premier jour de son service, en 1977. Actuel patron de l'Autorité des marchés financiers (AMF), ancien directeur du Trésor, ancien chef de cabinet de Jacques Delors à la Commission européenne, Jean-Pierre Jouyet a l'un des CV les plus fournis du pays. Il a occupé les plus hautes fonctions à Paris ou à Bruxelles. Un ami de trente ans, mais aussi une blessure pour François Hollande lorsqu'il l'a vu rejoindre le gouvernement de Nicolas Sarkozy. Au printemps 2007, le président de *« la rupture »* fait son marché à gauche pour torpiller ce qu'il reste du PS. Dragué par le chef de l'État, Jean-Pierre Jouyet accepte d'intégrer le gouvernement Fillon au poste de secrétaire d'État aux Affaires européennes. Il y restera jusqu'en décembre 2008.

À la table du Conseil des ministres pendant dix-huit mois, consulté par le chef de l'État, sherpa de Nicolas Sarkozy pendant la présidence française de l'Union européenne en 2008, cet inspecteur des Finances a accepté le poste malgré son amitié avec « François ». Pour celui qui songe déjà à la suite, le coup est violent. « *Je ne savais pas que ça l'avait autant affecté* », confie aujourd'hui le patron de l'AMF. C'est Valérie Trierweiler, proche de l'épouse de Jean-Pierre Jouyet et que ce dernier connaît par ailleurs depuis longtemps comme journaliste, qui tente de recoller les morceaux entre les deux amis. Hollande, soucieux de préserver son image politique, affirme encore aujourd'hui avoir coupé les ponts avec son ami pendant toute la durée de son expérience ministérielle. Le patron de l'Autorité des marchés financiers donne quelques précisions : *« On s'est vus deux fois discrètement pendant que j'étais encore au gouvernement, on a pu discuter. Puis nos relations ont repris normalement quand je suis sorti du gouvernement*[1]. » C'était en décembre 2008, à l'époque où l'ex-premier secrétaire comptait ses amis sur les doigts de ses deux mains. Jouyet recommence immédiatement à travailler avec celui qui n'est encore qu'un punching-ball pour DSK, Royal et Aubry. *« Pourquoi on s'entend bien ? Un : on sait ce qu'on veut, mais on préfère les compromis. Deux : nous ne sommes pas des intellectuels au sens propre du terme. On aime plutôt le cinéma, la variété, le foot... Trois : on est d'assez bons vivants, et quatre : on a un côté province qui nous va bien, pas establishment*[2]. »

Une amitié retrouvée, qui deviendra une arme pour les adversaires de François Hollande trois ans plus tard. En septembre 2011, Jean-Pierre Jouyet vante la compétence économique de son ami et fait connaître sa préférence pour la primaire. Dans les couloirs de Solférino, on pense même qu'il a déjà dealé son ticket d'entrée à l'Élysée. Immédiatement, les snipers de Martine Aubry sortent l'artillerie lourde. Pour la gauche du parti, représentée par Benoît Hamon et Henri Emmanuelli, Jouyet incarne à la fois la trahison et la gauche libérale.

1. Entretien avec les auteurs, le 16 janvier 2012.
2. *Ibid.*

« Il y a quelque chose d'assez insupportable à entendre celui qui a été ministre de Nicolas Sarkozy dans un des gouvernements les plus à droite de la Vᵉ République (...) décerner aujourd'hui des certificats de sérieux et de compétence parmi les dirigeants de la gauche », dénoncent les deux hommes dans un communiqué. Pour Jean-Christophe Cambadélis, qui semble, ce jour-là, avoir oublié la tendance libérale de son ami DSK, cette déclaration de Jean-Pierre Jouyet est *« amicale mais encombrante »*. Pressé par la première secrétaire et ses lieutenants d'énoncer clairement qu'aucun ancien ministre de Nicolas Sarkozy ne pourra siéger dans un gouvernement socialiste, le candidat s'exécute. L'ami intime du leader socialiste ne sera donc pas ministre dans un premier temps. Mais élu président, François Hollande s'en servira. À l'Élysée ou à un poste stratégique. Les deux hommes n'ont jamais évoqué explicitement le moindre strapontin, mais au lendemain de la polémique, le député de Corrèze s'autorise un coup de téléphone qui lui ressemble totalement : *« Je comprends ce que tu peux ressentir, ce n'est pas agréable. Mais ne dis rien, on verra tout ça après. »*

Sapin, Villemot, Jouyet... et les autres. François Hollande a un inépuisable réservoir d'experts en tous genres et de tous horizons. *« L'une des différences par rapport à 2007,* décrypte Jean-Pierre Jouyet, *c'est que la promo Voltaire, gauche et droite confondues, est derrière François, alors qu'elle l'était moins derrière Ségolène. Pour cette promo, il a toujours été une sorte de leader naturel. À l'ENA, il transcendait les courants et avait déjà réussi à se faire des amitiés à droite assez fortes. Les chiraquiens de cette promotion-là, si Dominique de Villepin ne se présente pas, seront plutôt favorables à François... Certains sont prêts à l'aider. Renaud Donnedieu de Vabres par exemple*[1]*...* » L'ancien ministre de la Culture de Jacques Chirac reconnaît qu'il entretient toujours des liens d'amitié avec son camarade de l'ENA. « *J'étais un peu la mascotte de droite du petit groupe qui s'était constitué autour de François,* se souvient-il, *le samedi matin je venais le chercher en bas de chez lui pour aller passer les galops d'essai.* » Ces derniers mois, les deux énarques ont échangé quelques SMS. Donnedieu a suivi le meeting du Bourget à la télévision avec la satisfaction de voir Hollande réussir « *l'épreuve du feu* ». « *C'était un acte physiquement fondateur,* raconte-t-il avec passion, *tous étaient là face à lui, il était seul, il a en un instant changé de dimension.* » L'homme est de droite, tendance ex-UDF et toujours fidèle à Jacques Chirac, mais lorsqu'on lui demande si son amitié pour le socialiste pourrait se transformer en vote, il répond sans ambages : « *Je souhaite la victoire de François Hollande*[2]. » Parmi les « droitiers » de la promo Voltaire qui sont restés dans l'univers de Hollande, Jouyet cite aussi spontanément Jean de Courcel, neveu de Bernadette Chirac et ancien directeur adjoint du cabinet d'Alain Juppé à Matignon, ou encore Jean-Ludovic

1. Entretien avec les auteurs, le 16 janvier 2012.
2. Entretien avec l'un des auteurs, le 30 janvier 2012.

Silicani, le puissant président de l'Arcep (Autorité de régulation des communications électroniques et des postes). Ces derniers ne font pas partie des premiers chrétiens, mais ils pèsent dans le dispositif et dans son équation politique personnelle.

4

Le grand oublié

« 2007 ? Ce n'était pas mon moment. » C'est le commentaire spontané du futur président lorsqu'on lui demande pourquoi il n'a pas tenté sa chance plus tôt. C'est pourtant lui qui relève le parti en 2002, après la débâcle de Lionel Jospin. Lui encore qui le conduit à la victoire aux élections régionales et européennes deux ans plus tard. À la lecture de ces résultats (21 régions gagnées sur 22 et 30 % des voix aux européennes), le PS est le premier parti de France. Le 16 décembre 2004, il est désigné « Homme de l'année » par *Le Point*. Hollande semble s'imposer comme l'un des prétendants légitimes à la présidentielle, au côté de DSK, Laurent Fabius ou Jack Lang. Trois ans plus tard, il n'est pourtant pas dans la course. Entre-temps, il y a eu le référendum sur le Traité constitutionnel européen que les Français ont rejeté. Le premier secrétaire du PS avait fait l'erreur d'engager son parti en faveur du « oui », n'hésitant pas à poser en une de *Paris Match* avec Nicolas Sarkozy pour défendre le traité. Sourires complices, décontraction totale, l'image

déroute une partie des troupes socialistes. La photo restera.

Presque un an jour pour jour après l'« Homme de l'année », une autre couverture de magazine bouleverse le jeu. Ségolène Royal, souriante, s'affiche en couverture du *Nouvel Obs*. Le titre fait l'effet d'une bombe : *« Et si c'était elle ? »* Le phénomène Royal est en marche. Il balayera les minces espoirs de retour de Jospin. Il écrasera les ambitions de DSK et de Fabius dès le premier tour de la primaire de 2006. La « Madone du Poitou », comme l'appellent ses détracteurs, obtiendra plus de 60 % des voix. Celui qui était alors encore son compagnon n'a pas bougé. Il affirme aujourd'hui avoir vu arriver la vague Royal avant tout le monde. *« Dès 2004, j'ai senti que la victoire de Ségolène en Poitou-Charentes lui avait donné une vraie popularité. Nous vivions ensemble, donc je m'en rendais compte en déambulant dans la rue avec elle. Je voyais que Ségolène avait créé quelque chose en battant la droite sur ses terres. Parce que c'était une femme aussi. Et parce qu'elle y avait mis du panache. Il s'est donc passé quelque chose à ce moment-là. »* L'année suivante est celle du référendum européen et des affrontements internes au Parti socialiste. Hollande se bat pour maintenir « la synthèse ». Ségolène, elle, avance. Rentrée 2005 : les socialistes se réunissent à Nevers pour leurs journées parlementaires. Dans une interview à *Paris Match*, la nouvelle coqueluche des militants se dit *« disponible »* pour la présidentielle. Elle confirme dans *Le Monde*. Hollande n'est pas au courant de cette annonce avant sa publication. *« Elle lance un filet, et elle voit que le poisson mord parce qu'il y a immédiatement une réaction de l'opinion, des médias. Et puis il y a aussi une riposte maladroite de Fabius, d'Emmanuelli, de Charasse qui enchaînent les commentaires machistes. Souvenez-vous : "Mais qui va garder les enfants ?"... "La présidentielle n'est pas un concours de beauté"... La machine s'emballe en faveur d'une Ségolène victime des machos. Elle se sent encouragée.* » Politiquement, Royal a un coup d'avance sur son compagnon. Mais leur vie intime pèse aussi dans le rapport de force. Hollande le confirme aujourd'hui sobrement. « *À cette époque, nous sommes déjà dans des difficultés personnelles. Elle n'a donc aucune raison de me dire : "C'est ton tour." Et je la comprends parfaitement.* » L'ancien patron du parti n'est pas en situation.

Ségolène Royal, elle, a une lecture un peu différente des événements. L'ancienne candidate affirme, avec aplomb, qu'à aucun moment Hollande n'a imaginé se lancer : « *En 2007, contrairement à la légende, jamais il n'a pensé être réellement candidat, et je suis bien placée pour le savoir. La presse dit que j'ai pris sa place, c'est totalement faux ! Son candidat, c'était Jospin. Lionel à l'Élysée, François décrochait Matignon, c'était leur accord*[1]. » Hollande ne parle pas d'accord, mais reconnaît qu'il est en quelque sorte prisonnier de la décision de Jospin : « *Je sens qu'il veut être candidat. Il attend que je l'appelle, mais il attendra trop longtemps pour se lancer.* » 2007 n'était pas son tour, et le député de Corrèze l'accepte assez vite. « *Jospin a une antériorité par rapport à moi et Ségolène a une popularité supérieure à la mienne. Je me dis simplement*

1. Entretien avec les auteurs, le 23 janvier 2012.

que ce n'est pas mon moment[1]. » Un autre élément a sans doute pesé dans la non-candidature de Hollande. C'est du moins ce que pense son fils Thomas. « *Il m'avait dit à l'époque qu'il n'irait pas,* se souvient-il. *Et je crois qu'il n'en nourrissait aucune amertume, parce qu'en réalité il savait que ce serait très dur, voire quasi impossible pour le candidat de la gauche de battre Nicolas Sarkozy. Quel que soit le candidat. Il s'est dit : Que ce soit Jospin, Royal ou DSK, ils n'ont aucune chance contre Sarkozy*[2] », affirme le fils aîné du candidat socialiste en évoquant les conversations qu'il a eues avec son père. François Hollande, à l'époque, s'était bien gardé de rendre publics son analyse et le funeste pronostic auquel elle conduisait.

Viendra ensuite la campagne dissonante d'une candidate marchant à côté de son parti. Pour Royal, la responsabilité de son ancien compagnon est évidemment en cause. Qui d'autre que lui pouvait rappeler les éléphants à la discipline et donner l'ordre aux troupes de s'aligner derrière elle ? « *Il a fait le job,* plaide Thomas Hollande. *Il a beaucoup plus fait campagne que Martine Aubry aujourd'hui, par exemple ! Et en même temps, il a sans doute manqué un peu de conviction, pour plein de raisons et notamment pour des raisons personnelles.* » Allusion aux difficultés du couple qui officialisera sa séparation après l'élection présidentielle de 2007.

La défaite à peine consommée, les socialistes regardent déjà vers 2012 ! Et dans la tête de la

1. Entretien avec les auteurs, le 17 février 2012.
2. Entretien avec les auteurs, le 21 mars 2012.

plupart des ténors, le nom de François Hollande ne fait plus partie du casting. Le congrès de Reims qui aura lieu fin 2008 enterrera son règne de onze années passées à la tête du parti. C'est pour préparer ce rendez-vous capital que Dominique Strauss-Kahn et Laurent Fabius se retrouvent quelques jours après la défaite de Ségolène Royal. Au premier étage d'un restaurant cossu du quartier de l'Opéra, dans un petit salon aux murs décorés d'estampes japonaises suggestives, les deux hommes jettent les bases de leur future alliance avec Martine Aubry. C'est le fameux « pacte de Marrakech ». Leur but est simple : que le prochain candidat de la gauche pour 2012 soit l'un d'entre eux. Pour y parvenir, il faut à tout prix empêcher un « présidentiable » de s'installer dans le fauteuil de premier secrétaire à l'issue du prochain congrès. Il n'y a que deux cibles dans le viseur : Bertrand Delanoë et Ségolène Royal. Si l'un des deux s'emparait du parti, il deviendrait automatiquement le candidat naturel. Fabius et Strauss-Kahn, les deux grands rivaux, scellent une paix durable sous les yeux de leurs lieutenants respectifs, Claude Bartolone et Jean-Christophe Cambadélis. *« On se met d'accord pour que, le moment venu, le mieux placé puisse emporter la mise*[1] *»*, se souvient Cambadélis. Le plan fonctionne sans accroc, jusqu'au congrès. À l'été 2008, dans le luxueux riad marrakchi du directeur général du FMI, Martine Aubry est officiellement adoubée pour prendre en main le parti. *« On avance*

1. Propos recueillis par les auteurs, le 24 novembre 2008.

ensemble, DSK est candidat pour 2012, il l'assume, et Martine le sait[1] », racontera plus tard Marylise Lebranchu, amie de Martine Aubry.

Puis vient Reims, fin 2008. Un congrès destructeur qui propulse au sommet une première secrétaire élue dans la violence et la suspicion de fraudes. Pendant trois ans, Martine Aubry remplit parfaitement la mission que lui ont fixée Fabius et DSK. François Hollande, lui, n'est toujours pas dans le paysage ! Le premier secrétaire sortant a bien présenté un texte de contribution avant l'été 2008 pour compter ses amis à l'intérieur du parti, mais il se range finalement derrière… Delanoë. Il est avec lui sur scène pour le premier meeting du maire de Paris à Cergy. Hollande fait campagne sans grand enthousiasme, mais ne lâche pas son candidat. Au petit matin du dimanche 16 novembre, au terme d'une nuit de tractations peu glorieuses, Delanoë jette finalement l'éponge. Aubry a le champ libre pour affronter Royal.

Hollande, oublié de tous, n'a pourtant pas renoncé à ses ambitions. Manuel Flam, jeune secrétaire de section à Châteauroux qui rejoindra plus tard l'équipe du candidat à la présidentielle, se souvient d'une de leurs premières rencontres. Début novembre 2008, dans un restaurant de Châteauroux. Ils sont six à se retrouver en fin de soirée pour dîner. Il y a là Michel Sapin, Hollande et Manuel

---

1. Propos recueillis par les auteurs, le 14 mars 2009.

Flam. Chacun est venu en couple. Le jeune homme comprend que le premier secrétaire sortant n'a pas l'intention de rester dans l'armoire aux souvenirs du PS. « *À cette époque, Hollande est fini pour beaucoup au parti, et je m'attends donc à voir un homme seul et sans projet,* raconte Flam. *Mais il parle politique tout le repas et surtout je comprends qu'il se pose en acteur central du jeu, pas comme quelqu'un qui se fait vider. Son sens politique me sidère lorsqu'il pronostique les résultats du congrès en argumentant : Royal devant, Aubry derrière et Delanoë troisième. À la sortie du restaurant, je me souviens avoir dit à ma compagne : "Son ambition est intacte et plus forte que jamais*[1]*."* »

Ceux qui sont au plus près le savent : Hollande ne restera pas hors du jeu. L'erreur commise par DSK et Fabius, c'est de ne pas l'avoir compris. Pour les deux « stratèges », un homme qui a passé plus d'une décennie rue de Solférino sans parvenir à franchir la Seine pour gagner l'Élysée, n'est pas un danger. Il n'est donc pas nécessaire de s'en préoccuper. Péché d'arrogance. Aujourd'hui, Hollande leur rend hommage : « *En empêchant Delanoë et Royal de prendre le parti, ils m'ont rendu service.* » Plus largement, ce congrès fratricide a constitué un atout pour Hollande : « *Finalement, la crise de Reims m'ouvre un espace. Il n'y a aucun leadership qui sort de ce congrès. S'il y en avait eu, j'aurais été pris de court. Mon tour serait passé*[2]. »

François Hollande se défend d'avoir joué un rôle dans le dénouement du congrès. Le jour du second

1. Entretien avec l'un des auteurs, le 27 septembre 2011.
2. Propos recueillis par l'un des auteurs, le 8 octobre 2011.

tour, lorsqu'il constate que la victoire qui semblait promise à son ex-compagne lui échappe brutalement en fin de soirée, il est en Corrèze. Il commente ce retournement avec les journalistes via des échanges de SMS. *« Ce sera Royal et ce sera net »*, affirme-t-il aux alentours de 22 heures. *« Ça se confirme »*, écrit-il un peu plus tard. Vers 23 heures, Aubry repasse brusquement en tête. Le premier secrétaire se tait. Il n'interviendra pas non plus dans le bras de fer des jours suivants entre partisans des deux camps. Les proches de Royal réclament un nouveau vote dans les fédérations suspectes. François Hollande renvoie les protestataires vers la commission compétente... qui n'assumera jamais d'imposer un deuxième vote. Lors de la convention qui entérine l'élection d'Aubry, il lève le bras pour valider le choix des urnes. À l'un des auteurs, il confiera un an plus tard n'avoir pas voulu prendre le risque de *« casser le parti »* pour expliquer sa posture très en retrait.

Ségolène Royal n'a pas la même lecture. Son ex-compagnon aurait joué contre elle. *« Le soir du second tour de l'élection, François m'appelle. Il me dit que je suis élue. Les jours suivants, je lui demande de faire revoter dans les endroits litigieux, il refuse. Il est pourtant premier secrétaire, il a le pouvoir de l'imposer, mais il ne bouge pas. Puis, à la Mutualité, quelques jours plus tard, il vote l'investiture de Martine Aubry ! Donc, ça l'arrange que je ne prenne pas le parti*[1] *! »* À l'époque des faits, Ségolène Royal ne met à aucun moment en cause

1. Entretien avec les auteurs, le 23 janvier 2012.

l'impartialité de François Hollande. Pas plus que DSK, Fabius ou Aubry, elle ne prêtait attention aux ambitions du premier secrétaire sortant. *« Je n'étais pas du tout consciente de ce machiavélisme »*, confie-t-elle aujourd'hui en refaisant le film. Hollande, presque étonné, se défend de tout calcul, il évoque plutôt des circonstances qui servent ses intérêts. Comme s'il avait bénéficié malgré lui de l'opération d'élimination de Royal et Delanoë. Elle l'accuse a posteriori d'en avoir été l'un des acteurs afin de préserver ses propres chances pour 2012.

5

Monsieur 3 %

Il y a des matins comme ça où il vaudrait mieux ne pas se lever. Paris, le 31 mars 2009. François Hollande tient dans ses mains *Libération*. Le journal publie ce jour-là l'une des premières enquêtes d'opinion sur la primaire socialiste. Le principe est encore loin d'être acté, mais déjà sondeurs et analystes testent sur les Français les potentielles candidatures. Question posée en page 3 du quotidien : « *Quelle serait, selon vous, la personnalité la mieux placée pour être désignée candidate à l'élection présidentielle lors de primaires ouvertes ?* » Le résultat est assassin pour l'ex-premier secrétaire. DSK, plébiscité par les électeurs de la droite et du centre, sort en tête avec 28 % des voix. Royal s'accroche dix points derrière et se permet même de distancer le prince de Washington chez les sympathisants et militants socialistes. En troisième position, Aubry complète le podium. Surréaliste aujourd'hui, avec seulement 3 % des intentions de vote, François Hollande est bon dernier, devancé par Laurent

Fabius et Benoît Hamon ! Autant dire qu'il ne pèse rien ou presque[1].

Pour Hollande, le coup est dur à encaisser. Michel Sapin, ami des années ENA et voisin de palier à l'Assemblée, pénètre dans son bureau : « *Écoute, François, il y a trois enseignements à tirer de ce sondage. Premièrement, DSK est le préféré de la droite. Deuxièmement, c'est Ségolène pour la gauche. Et troisièmement, t'as encore pas mal de boulot à faire !* » Sapin réussit à décrocher un sourire à Hollande qui, à ce moment-là, est peut-être le seul en France à croire sérieusement en ses chances de victoire. Ses concurrents lui dégottent immédiatement un nouveau surnom. Après « Flanby » et « Monsieur petites blagues », François Hollande devient « Monsieur 3 % » au printemps 2009.

Hollande tutoie le zéro dans les sondages (quand il est sondé !), mais certains dans le camp Aubry sont déjà persuadés que cet homme « *sans troupes, sans bilan et sans idées* » est le principal obstacle au « pacte de Marrakech ». Le seul susceptible d'empêcher Aubry, DSK ou Fabius d'être le prochain candidat à la présidentielle. Quand tous les observateurs se concentrent sur le duel des dames entre Aubry et Royal, quelques rares barons socialistes, ultra-minoritaires, voient déjà en lui le danger principal. « *Le sujet, c'est le bras de fer entre Martine et François. Il est l'opposition numéro un (...). Si on se scratche, il jouera le*

---

1. Sondage Viavoice pour *Libération*, réalisé les 26 et 27 mars 2009 : DSK : 28 %, Royal : 18 %, Aubry : 14 %, Delanoë : 9 %, Hamon : 5 %, Fabius : 4 %, Hollande : 3 %.

candidat naturel. » Cette confidence de Jean-Christophe Cambadélis, qui prend aujourd'hui des allures de prédiction, date du 3 avril 2009. Trois jours seulement après le sondage assassin publié dans *Libération.*

En attendant, c'est bien ce « Monsieur 3 % » encore joufflu mais déjà (un peu) mieux habillé qui débarque à Lorient le 27 juin 2009. Pour les hollandais de la première heure, la date est fondatrice. « *Ce jour-là, il démarre son parcours présidentiel* », raconte a posteriori Bernard Poignant, l'un des organisateurs de la journée avec les autres « premiers chrétiens ». Hollande connaît la ville du Morbihan depuis vingt-cinq ans. En 1985, il lance les « Transcourants » avec quelques amis dont Jean-Yves Le Drian, alors maire de Lorient. La ville devient un haut lieu du delorisme, avec l'organisation chaque année des « Journées de Lorient », pré-rentrée avant l'université d'été du parti. Ce 27 juin 2009, le futur président de la République réussit péniblement à réunir 400 personnes. Pour remplir la salle, il a fallu faire venir des militants de toute la France ! Les Corréziens sont aux premières loges, le petit staff issu de la rue de Solférino aussi. Très peu d'élus, toujours les mêmes : Sapin, Le Roux, Le Foll, Le Drian, Poignant… Le sulfureux Robert Navarro, baron socialiste en Midi-Pyrénées et ancien bras droit de Georges Frêche, est là aussi. François Hollande a attendu les élections européennes pour poser publiquement la première pierre de ses ambitions.

En Bretagne, deux semaines après la claque électorale historique reçue par Martine Aubry (avec 16,48 %, le PS est talonné par Europe Écologie), le député de Corrèze passe à l'offensive. Déficit, rigueur, austérité. Un discours sombre où il propose pour la première fois son « pacte de l'après-crise ». On est loin du « Changer la vie » de Mitterrand. A priori, impossible de faire rêver les foules avec ça ! C'est pourtant avec ce discours et cette image de gauche « crédible et sérieuse » qu'il réussira à s'imposer, deux ans plus tard, lors de la primaire socialiste. Au déjeuner, Bernard Poignant est assis entre son patron et Michel Sapin. Le maire de Quimper, impressionné par le Hollande qu'il voit ce jour-là, se tourne vers l'ancien ministre de l'Économie : « *C'est quand même le meilleur d'entre nous !* » Réponse de Sapin, conscient du chemin qu'il reste à parcourir : « *Oui, mais le problème, c'est que les Français ne le savent pas encore. Il va falloir leur faire comprendre...* »

6

Les « 102 » de la Haute-Corrèze

Il attend. Il n'y a que ça à faire. Attendre, et espérer. Il tourne en rond dans son bureau de président du conseil général qui domine la ville de Tulle, il parle à ses collaborateurs, envoie des textos à des journalistes pour tuer le temps. Ce dimanche 27 mars 2011 sur les coups de 18 heures, François Hollande est tendu. Les résultats des dix-neuf cantons renouvelables de son département tombent au compte-gouttes, et pour lui c'est un calvaire. Un jour, François Hollande a raconté à l'un des auteurs ce qu'il ressent les soirs de vote, le supplice de ces dimanches d'élection où toute une carrière peut basculer. « *L'appréhension monte crescendo le jour J. Le plus stressant, c'est quand vous voyez les gens voter. C'est terrible d'attendre un résultat.* » Et il a beau en avoir vécu des dizaines depuis le début de sa carrière, c'est à chaque fois la même montée d'adrénaline. Ce rendez-vous-là n'échappe pas à la règle. François Hollande a décidé depuis plusieurs semaines que ce résultat déterminerait la suite de sa vie politique. Que le PS conserve le département, et il sera automatiquement candidat à la primaire face à la tornade DSK. Que la droite reprenne cette terre radicale-socialiste et chiraquienne, et le destin de l'homme normal se brisera sur-le-champ ! Sacré enjeu ! Délibérément, il a surjoué le danger, fait comme si la défaite était possible, sans jamais y croire vraiment. Jusqu'à ce fameux dimanche soir sur les coups de 18 heures.

Au premier tour, une semaine plus tôt, le PS a perdu contre toute attente le canton d'Ussel Ouest. Et comme la majorité socialiste ne tient qu'à une seule voix depuis la prise du département en 2008, la moindre surprise au second tour peut vite tourner au cauchemar. Jacques Spindler, ancien journaliste à *La Montagne* devenu directeur de la communication du conseil général de Corrèze, est présent ce soir-là quand la pièce semble tomber du mauvais côté. « *Dans un premier temps, les résultats d'un canton qu'on devait gagner étaient très mauvais. Il a blêmi. L'espace de quelques minutes, il s'est dit que tout s'écroulait. Il était là dans son bureau, on lui apportait les résultats, et il s'est dit "c'est foutu !" Il a vu tout s'effondrer*[1]. » Deux ans de préparation pour rien. Deux ans à gravir, une par une, les marches de la popularité, à supporter les sarcasmes de ceux, nombreux, qui l'avaient écarté de la photo des prétendants à l'Élysée, pour se faire balayer par une poignée d'électeurs corréziens ! Ce canton décisif, c'est celui d'Eygurande, en Haute-Corrèze. La terre chiraquienne par excellence sur le point de trahir les

1. Entretien avec les auteurs, le 17 février 2012.

ambitions du plus chiraquien des socialistes. Eygurande, tout à coup pièce centrale de la présidentielle. Finalement, au terme d'un dépouillement tendu, le candidat divers gauche finit par remporter le canton in extremis. Seulement 102 voix font la différence avec son adversaire UMP. Ce dimanche 27 mars 2011, une poignée d'électeurs de Haute-Corrèze ont donc décidé du sort du futur président de la République. La Corrèze reste à gauche, Hollande peut passer à l'étape suivante : se déclarer candidat à la présidentielle via la primaire socialiste, comme c'était initialement prévu.

Mais au moment de se lancer, son entourage sème le doute. Lui se fige avant le grand saut. Une déclaration de candidature à Tulle depuis les bureaux du conseil général, entouré de notables locaux, est-ce vraiment la meilleure mise en scène ? La date est-elle la bonne ? À cette époque, DSK est toujours favori, Martine Aubry se tient en embuscade, n'est-ce pas trop tôt ? Trop précipité ? Certains plaident pour organiser un grand événement à Paris en avril, avec des « people » ! En réalité, l'entrée en campagne officielle de Hollande et le moment de sa déclaration de candidature sont restés incertains jusqu'au dernier instant. Le sujet divise ses proches depuis de longs mois. En janvier, au cours d'un dîner au Bistrot de Paris, restaurant de la rue de Lille et fameuse cantine socialiste, la petite bande réunie autour de son leader avait tenté de trancher la question. Le candidat, invité du *Grand Rendez-Vous* d'Europe 1, doit préparer sa réponse à la question prévisible de Jean-Pierre Elkabbach :

« Quand ? Oui, quand allez-vous officiellement vous déclarer candidat, François Hollande ? Rrrrrépondez ! » Certains, à l'image de François Rebsamen ou de Michel Sapin, sont partisans d'attendre. Attendre de savoir ce que va faire DSK, attendre qu'il bouge. Sceptiques sur les chances de leur champion, et prudents sur l'issue d'un duel, « Rebs » et Sapin veulent ménager la possibilité d'un deal avec le favori des sondages. Le maire de Quimper Bernard Poignant, fidèle parmi les fidèles, est, lui, partisan d'une stratégie plus offensive. Comme Stéphane Le Foll et Bruno Le Roux, le député de Seine-Saint-Denis, il prône une déclaration de candidature rapide et définitive. *« François, tu dois dire : Je suis candidat pour présider la France,* lui conseille Poignant. *Les primaires, ce n'est qu'un moyen pour y parvenir. »*

Trois mois plus tard, le mardi 29 mars, deux jours après les élections cantonales, les mêmes se retrouvent autour de Hollande pour un déjeuner de travail. Avec la même interrogation : doit-il déclarer officiellement sa candidature et entrer dans la course plus d'un an avant l'échéance, ou doit-il attendre ? La discussion est animée. Valérie Trierweiler est présente, elle est partisane d'y aller sans attendre. Hollande, fidèle à son personnage, écoute les uns et les autres. À la fin du repas, il fait venir Poignant. *« L'élection à la présidence du conseil général, c'est jeudi, je me déclare jeudi. »* Son ami l'encourage : *« Si tu ne le fais pas tout de suite, comme tu l'as annoncé, tu insinues le doute dans l'esprit des Français. »* Pas question de la jouer comme Strauss-Kahn qui a déclaré quelques jours plus tôt : *« J'ai pris ma décision mais je la garde pour moi. » « Une présidentielle,* analyse Bernard Poignant, *ça ne peut pas se gagner avec une stratégie à la Delors : "Si on vient me chercher, alors peut-être..." Non ! Pour une présidentielle, on s'avance vers les Français ! On ne biaise pas, on ne joue pas ! »* tranche celui qui, en 1995, avait conseillé à Jospin de se déclarer sans attendre pour l'emporter sur Henri Emmanuelli dans la course à l'investiture présidentielle.

Un dernier coup de fil achève de convaincre Hollande qu'il doit faire le grand saut, comme il s'y est engagé publiquement. La veille de l'élection à la présidence du conseil général, André Martinez l'appelle : *« Tu as dit que tu te déclarerais lorsque tu serais réélu à la tête de la Corrèze, c'est ce que tu dois faire ! »* L'ami de quarante ans, sans doute l'un de ceux qui ont partagé le plus de moments intimes avec le futur chef de l'État, l'admoneste tel un coach de boxe sermonnant son poulain entre deux rounds : *« Tu n'as pas le choix ! Si tu ne le fais pas, tu vas passer pour un dégonflé ! »* Est-ce ce coup de pression qui l'a emporté ? Hollande avait-il besoin d'une dernière poussée avant de se lancer ? Ce qui est certain, c'est que, plusieurs mois après, tous ses proches évoquent encore cette date comme une étape décisive de l'ascension vers le sommet. Ce sera donc la Corrèze et ce sera bien le 31 mars, juste après la réélection de Hollande à la présidence du conseil général, qu'il deviendra officiellement aux yeux des Français candidat à la magistrature suprême.

C'est l'« *heure H* ». Le titre s'affiche en une du quotidien local *La Montagne* dans tous les kiosques de Tulle. Comme Valéry Giscard d'Estaing à Chamalières en 1974, le candidat normal choisit son fief électoral pour proposer sa candidature aux Français. Tout est fait pour trancher avec l'image de puissant parmi les puissants renvoyée par Dominique Strauss-Kahn. Un pupitre quasi artisanal rouge et blanc a été installé dans la salle Prestige de l'hôtel du département. Autour de leur champion, des visages inconnus, tous corréziens, à l'exception du fidèle Faouzi Lamdaoui. François Hollande a endossé son costume traditionnel de candidat. Chemise blanche, veste noire, cravate bleue. « *J'estime qu'il n'y a plus de temps à perdre. Il y a même urgence. Il faut à un moment qu'il y ait des idées et une incarnation du changement. C'est la raison pour laquelle, ici, à Tulle, devant vous mes amis, j'ai décidé de présenter ma candidature à l'élection présidentielle à travers la primaire du Parti socialiste.* » Il est 14 heures et une poignée de minutes.

Quelques mois plus tard, lors de ses vœux au personnel du conseil général, François Hollande déclare sa flamme à cette terre qui lui a tout donné : « *Je ne suis pas né ici, mais j'y ai mes racines. Je sais ce que je vous dois. La Corrèze m'a donné le droit de parler et d'agir au nom des autres. Elle me permet de prétendre à d'autres fonctions.* »

Entre Hollande et la Corrèze, l'histoire s'est toujours jouée dans un mouchoir de poche. Et ce n'est pas la première fois que cette région lui sauve la mise ! Dans le passé, son destin a déjà failli basculer à plusieurs reprises. À chaque fois pour une poignée de voix. « *Dans ma vie politique, j'ai vécu ici des moments qui auraient pu être décisifs pour moi* », confie celui qui a débarqué ici en 1981 pour affronter le maître des lieux aux législatives, après le refus d'un certain... Jacques Delors. « *À l'époque, je pensais gagner contre Chirac ! C'était une vague rose terrible ! Au dernier moment, les bureaux d'Ussel sont tombés, et Chirac est passé au premier tour. À 350 voix près, je le mettais en ballottage ! C'était le premier stress de ma vie politique.* » Avec 26 % des voix, le jeune Hollande devance le candidat communiste et avait de réelles chances de l'emporter au second tour. « *En 1988, je change de circonscription. Au premier tour, je ne passe devant le candidat communiste qu'avec 200 voix d'avance ! En 2002, Chirac est réélu président de la République. C'est une catastrophe pour moi ! Au premier tour, c'est du 50-50. Finalement je passe. Mais vous voyez, ça tient à très peu de chose, un destin*[1]... »

Dans cette longue course à la présidence, les dés ont souvent roulé. À plusieurs reprises, la Corrèze a pesé dans le destin du futur président. Depuis la Seconde Guerre mondiale, le département le plus endetté de l'Hexagone a déjà donné à la France un président du Conseil sous la IVe République et un chef de l'État sous la Ve. Le radical-socialiste Henri

1. Entretien avec l'un des auteurs, le 8 octobre 2011.

Queuille, trois fois chef du gouvernement de 1948 à 1951, et Jacques Chirac de 1995 à 2007. « *Il n'y a pas une tradition qui voudrait que la Corrèze produise des présidents comme on produit des champignons* », tempère Hollande. Mais il y a ce que son ami Bernard Poignant appelle « *l'épousaille des territoires* ». « *Avec François, on parle souvent de ce qu'est la présidence de la France. Ce doit être l'épousaille des territoires. Regardez, à part Sarkozy, les présidents de la Vᵉ République viennent du Massif central. Pompidou du Cantal, VGE du Puy-de-Dôme, Chirac de la Corrèze. De Gaulle était de la Marne, ce n'est pas le Centre, mais il venait des zones martyrisées de la France. La seule anomalie, c'est Sarkozy*[1]*...* »

---

1. Entretien avec l'un des auteurs, le 16 novembre 2011.

7

Humour corrézien

Ce 11 juin 2011 à Sarran, petit village de Corrèze, le musée Jacques-Chirac inaugure une exposition exceptionnelle : *Chine de bronze et d'or.* Plus de 40 bronzes et 150 pièces d'orfèvrerie, parfois très anciennes, en provenance de l'empire du Milieu. Le président du conseil général de Corrèze est présent, tout comme l'ancien Président, accompagné de son épouse Bernadette. Détendu et volubile, les mains enfoncées dans les poches de son pantalon, Jacques Chirac est visiblement heureux d'être là. Féru de culture asiatique et d'arts premiers, ce Corrézien d'adoption est également content de partager un moment avec François Hollande, dont il écrit dans le tome 2 de ses *Mémoires*, paru quelques jours avant la visite du musée, qu'il est « *un homme d'État* ». Prenant à témoin le directeur du musée du Quai-Branly de Paris qui assiste à la visite, Jacques Chirac le désigne et lance avec un large sourire : « *Moi, j'ai beaucoup d'estime pour François. Lui, c'est l'avenir, je voterai pour lui... certainement.* » François Hollande laisse éclater un sourire gourmand. « *Sauf si Juppé se présente, parce que j'aime bien Juppé,* poursuit Jacques Chirac, introduisant une nuance, un ordre de préférence dans cette confidence inattendue. *Mais comme il n'ira pas, par conséquent* – frappant de la main son interlocuteur sur la poitrine pour souligner son choix –, *je voterai pour vous.* » Hollande, conscient de l'écho probable d'une telle prise de position, met en garde l'ancien président en désignant les micros qui les entourent : « *Vous allez vous faire entendre !* » Mais Chirac persiste, à l'attention de ceux qui n'auraient pas entendu ou pas encore compris : « *Je peux dire que je voterai Hollande !* »

L'intéressé est le premier surpris. « *Ce n'était pas du tout une journée prévue pour déclencher ça,* s'amuse-t-il. *Jacques Chirac venait de déjeuner avec des Chinois, il avait sûrement un peu bu et il était du coup très détendu. Avec le directeur du Quai-Branly, ils disaient des choses aimables sur moi, et d'amabilité en amabilité, il a dit : "Je voterai Hollande !" Mais ce qui montre qu'il était lucide,* ajoute le socialiste, *c'est qu'il a précisé : "Sauf si Juppé se présente", ce n'est donc pas simplement un acte de provocation.* »

Dans les heures qui suivent, la scène, reprise par les chaînes d'infos, suscite des réactions contrastées. Amusement, curiosité ou... indignation. Le clan Chirac essaye aussitôt de minimiser l'affaire. Le lendemain à midi, dans une déclaration transmise à l'AFP, on fait revenir l'ancien Président sur ses propos : « *Il s'agissait d'humour corrézien entre républicains qui se connaissent de longue date, je déplore que cela ait pu être interprété autrement.* » Mais l'effet d'une telle séquence, qui passe en boucle sur les télés et sur internet, est trop dévastateur pour être stoppé par un communiqué. La justification par l'humour ne convainc personne. Deux jours plus tard, Claude Chirac se rend discrètement à l'Élysée : « *Un tête-à-tête à la demande de la fille de l'ancien Président qui vient aplanir le différend provoqué par le "trait d'humour" de son père* », relate le journaliste Bruno Jeudy dans *Le Journal du Dimanche* du 19 juin 2011. François Hollande affirme de son côté avoir eu confirmation que Nicolas Sarkozy en personne a réclamé un démenti. Jacques Chirac, ancien chef de l'État, personnalité respectée et régulièrement classée en tête des hommes politiques préférés des Français, qui répète publiquement qu'il votera pour François Hollande à la présidentielle ? À droite, cela ne fait pas du tout rire. Et encore moins à l'Élysée. Si les conseillers de Nicolas Sarkozy prennent la blague au sérieux, c'est qu'elle est parfaitement crédible. Un proche du chef de l'État confie aujourd'hui, sans ciller : « *Ça nous a bien arrangés de mettre tout ça sur le compte de la maladie, de le faire passer pour quelqu'un qui n'avait plus toute sa tête, mais on sait très bien qu'il était conscient et qu'il a soutenu Hollande pour nous gêner.* »

Le premier cercle des sarkozystes sait bien que l'ancien Président n'a rien oublié, rien pardonné. À commencer par la trahison de la présidentielle de 1995. À cette époque, Nicolas Sarkozy préfère Edouard Balladur à celui qui fut son père en politique. Une trahison douloureuse pour Jacques Chirac. L'ancien Président reste convaincu que le jeune Sarkozy a tenté de l'abattre politiquement. Alors ministre du Budget, il aurait laissé fuiter

« l'affaire des terrains de Vigneux ». Ces terres situées dans les Hauts-de-Seine appartenaient à la famille de Bernadette Chirac. Marchandées à prix d'or en 1993, elles auraient été vendues dans des conditions douteuses. Dans ses *Mémoires*, Chirac y revient : *« Il m'a toujours manqué la preuve [que l'affaire] avait été initiée par le ministère du Budget, comme on me l'assurait. Mais cette affaire montée de toutes pièces ne me paraissait évidemment pas étrangère à la campagne présidentielle*[1]. » La blessure de 1995 est profonde et la relation politique entre les deux hommes durablement altérée. En 2002, Nicolas Sarkozy veut Matignon, il aura l'Intérieur. Et puis, il y a la fin de règne, marquée par les petites phrases assassines de celui qui veut incarner la rupture. Pour le ministre-candidat, Jacques Chirac ressemble à Louis XVI, monarque totalement coupé du peuple, réparant les serrures à Versailles pendant que la France gronde. Autre pique jamais digérée par l'ancien président, cette confidence lâchée par Nicolas Sarkozy à des journalistes au cours d'un déjeuner à Hong Kong en 2004 : *« Comment peut-on être fasciné par ces combats de types obèses aux chignons gominés ?! Ce n'est vraiment pas un sport d'intellectuel, le sumo ! »*

Il y a enfin cette soirée du 6 mai 2007. Jacques Chirac, entouré de sa famille et de ses collaborateurs, regarde à la télévision le discours de son successeur. Il n'attend pas un hommage, mais au moins un mot à son attention au moment où il quitte la vie politique. *« Ce moment ne viendra jamais,*

1. *Le Temps présidentiel*, Nil, 2011.

écrit Jacques Chirac dans ses *Mémoires. Pour ma part, je m'abstiens de manifester la moindre réaction. Mais au fond de moi je suis touché, et je sais désormais à quoi m'en tenir*[1]. »

Une déception profonde, teintée de méfiance à l'égard de Nicolas Sarkozy. Un respect presque amical pour François Hollande. Les combats corréziens ont paradoxalement rapproché les deux hommes. Hollande, un « homme d'État » selon Chirac qui se souvient du soutien apporté par le socialiste à deux reprises durant sa présidence. *« La façon dont Hollande s'est comporté,* se souvient Frédéric Salat-Baroux, ancien secrétaire général de l'Élysée, aujourd'hui époux de Claude Chirac, *au moment où on était dans la difficulté vis-à-vis de notre majorité avec le voile à l'école en 2004 était très courageuse,* Le Monde *avait titré : "François Hollande annonce qu'il votera la loi Chirac sur le voile." Il prenait un risque sérieux en tant que patron du principal parti d'opposition*[2]. » *Bis repetita* lors du référendum sur la Constitution européenne en 2005. L'engagement de François Hollande dans la campagne pour le « oui » est mentionné dans les *Mémoires* de Chirac. Il y a le politique et il y a l'affectif. Sophie Dessus, conseillère générale de Corrèze pour laquelle Jacques Chirac a manifestement un faible – en témoigne la cour qu'il lui fait devant les caméras –, connaît parfaitement les deux hommes depuis longtemps. Elle est présente au musée de Sarran lorsque Jacques Chirac déclare sa flamme au

1. *Ibid.*
2. Propos recueillis par l'un des auteurs, le 23 janvier 2012.

candidat socialiste. Elle témoigne de leur proximité : *« Quand ils se retrouvent en Corrèze, les frontières politiques n'existent plus. Ils se regardent à l'aune de la valeur et de l'intérêt qu'ils portent à ce pays. L'approche des gens, leur rapport à ce territoire. Leur connivence est réelle*[1] », conclut l'élue.

Connivence… et mimétisme ? François Hollande est envoyé en Corrèze en 1981 pour croiser le fer avec Chirac dans la troisième circonscription. Battu honorablement, Hollande décide de s'implanter durablement. Il sera élu député de la première circonscription corrézienne en 1988, maire de Tulle en 2001, puis président du conseil général en 2008. Parmi ses opposants les plus illustres, Bernadette Chirac. Il fera le choix d'avoir avec elle des relations apaisées. *« C'est un homme courtois, il ne m'a jamais rien refusé dans les projets que je lui ai proposés »*, concède l'ancienne première dame, dont la vanité a été flattée par les égards que lui manifeste le socialiste. Mais pour certains à droite, ces bons rapports vont bien au-delà de la simple courtoisie. Selon eux, les Chirac ont donné un sérieux coup de main à Hollande en 2001 pour qu'il remporte la mairie de Tulle, étape décisive pour gagner le conseil général. À l'époque, la jeune chiraquienne Valérie Pécresse propose au chef de l'État d'être candidate contre Hollande. Les Chirac s'y opposent. La ville bascule à gauche pour 300 voix. *« Bernadette Chirac a tout fait*

1. Propos recueillis par l'un des auteurs, le 23 janvier 2012.

pour qu'on perde tout en Corrèze, témoigne un très proche de l'ancien président, *et aujourd'hui elle considère François Hollande comme le successeur de son mari.* » Pas au point tout de même de défier publiquement Nicolas Sarkozy. Le droit de succession vaut pour la Corrèze, pas pour la France, dans l'esprit de l'ancienne première dame. Après les déclarations fracassantes de son mari, elle précise qu'elle votera bien pour Nicolas Sarkozy à la présidentielle. Elle enfonce le clou quelques mois plus tard en jugeant sévèrement François Hollande : « *C'est un homme très courtois, mais ce n'est pas le gabarit d'un président de la République*[1]. » Des propos qu'elle a voulu tempérer depuis, comme si elle regrettait d'avoir publiquement agressé le successeur de son époux. Soutenir officiellement Sarkozy n'exige pas pour autant de dénigrer Hollande.

Au-delà de cette proximité géographique, il y a un style commun. À certains camarades, Hollande rappelle le Chirac en campagne, serrant des mains, s'attardant sur les marchés, quand son entourage piaffe pour que le cortège reparte. *« Il y a une sorte de mimétisme avec Mitterrand à la tribune,* note le député Jean-Christophe Cambadélis, *mais dès qu'il descend dans la foule, c'est Chirac qui serre les mains et fait les bises.* » Thierry Rey, ex-judoka qui fut marié à Claude Chirac et qui soutient publiquement Hollande, estime que les deux hommes *« se ressemblent. Une*

---

1. Propos tenus le 23 mars 2012.

forme de bonhomie et d'humour qui les rapproche[1] ». Au point que l'un vote pour l'autre à la présidentielle ? Nul ne peut évidemment répondre à la place de l'ancien Président. « *Ce qui est vrai, c'est que Jacques Chirac est en sympathie, en empathie avec François Hollande,* témoigne Frédéric Salat-Baroux. *Il a le plus grand respect pour Hollande. Et on ne fait pas de l'humour en public avec quelqu'un dont on ne se sent pas proche.* » Renaud Donnedieu de Vabres, resté fidèle à l'ancien président, est catégorique : « *Chirac sait très bien ce qu'il fait en mettant en valeur Hollande. Il sait que cette phrase restera et qu'elle ressortira régulièrement.* » Un autre membre de l'entourage de Jacques Chirac, visiteur régulier de l'ancien Président, juge la sortie de son mentor crédible. « *Ce n'était pas une phrase en l'air. Il respecte Hollande, en revanche il n'a jamais pardonné à Sarkozy.* » Mais celui qui se montre le plus catégorique, c'est le biographe officiel de Chirac. Mi-avril, à une semaine du premier tour, Jean-Luc Barré affirme dans la presse que l'ancien Président votera bien Hollande : « *J'ai déjeuné avec lui il y a une dizaine de jours et il me l'a confirmé* », insiste Barré.

Chirac soutenant Hollande. Qu'en dit le principal intéressé ? « *C'était très bon pour moi. D'une certaine façon, ça débloquait des votes de gaullistes, de gens de centre droit qui se disaient finalement : pourquoi ne pas voter François Hollande ? Et puis, dans la primaire, cela laissait penser que mon rayonnement allait au-delà du Parti socialiste. Or le militant, le sympathisant, lorsqu'il participe à la primaire, fait un choix de gagnant. Il*

1. *Le Parisien,* 22 janvier 2012.

cherche à savoir qui est le mieux placé pour l'emporter à la présidentielle face à Nicolas Sarkozy. La déclaration de Chirac a, d'une certaine façon, créé une dynamique de victoire. Donc, c'est un jour très important[1] », conclut le Corrézien d'adoption. Une analyse partagée par Renaud Donnedieu de Vabres. Il voit dans le soutien de l'ancien président un coup de pouce essentiel pour marquer l'opinion : « *À ce stade de la campagne des primaires, l'image personnelle de François Hollande, sa dimension présidentiable, n'émergeaient pas encore. Qu'un chef d'État le propulse à ce niveau en l'adoubant en quelque sorte, ça n'est pas du tout anodin et c'est un atout*[2]. » Et le candidat socialiste le lui rend bien. Le 7 janvier 2012, à l'occasion de la présentation de ses vœux, François Hollande lui adresse une pensée affectueuse, se posant en héritier de l'ancien Président quand il lance aux Corréziens : « *Vous avez aimé Jacques Chirac ? Vous adorerez François Hollande !* » Deux semaines plus tard, lors de son meeting de lancement de campagne au Bourget, le candidat va jusqu'à citer le nom de Jacques Chirac devant une salle bourrée de militants socialistes. Un dernier geste, comme pour sceller l'alliance tacite entre les deux hommes, visant à écarter Nicolas Sarkozy.

Cette alliance, un homme va la théoriser, la coucher noir sur blanc et la rendre publique le 8 mars dans *Libération*. Jean-Jacques Aillagon, ancien ministre de la Culture, qui a construit son parcours

1. Entretien avec les auteurs, le 17 février 2012.
2. Entretien avec l'un des auteurs, le 30 janvier 2012.

politique au RPR et à la mairie de Paris auprès de l'ancien président, proclame : *« Pourquoi je voterai François Hollande le 22 avril. »* Une longue tribune dans laquelle il dresse un portrait élogieux du candidat socialiste. *« On le disait faible, il s'avère fort, on le croyait indécis, il s'exprime avec fermeté (...). Je sais qu'il saura être un président, à sa place, ni omniprésent ni évanescent. »* Pareil hommage, à un mois et demi de l'échéance, est perçu par l'entourage de François Hollande comme un nouveau signal important envoyé à une partie de l'électorat de la droite modérée. Et un soutien explicite du clan Chirac à son cousin de Corrèze. Le camp Sarkozy évoque une basse vengeance, Aillagon n'aurait pas pardonné au locataire de l'Élysée de ne pas l'avoir reconduit à la tête du château de Versailles. Qu'importe, le mal est fait.

Le 22 avril à Sarran, fief des Chirac en Corrèze, François Hollande sort en tête avec plus de 33 % des voix. C'est plus du double de Ségolène Royal en 2007.

8

La rencontre décisive

La rencontre est longtemps restée secrète. Elle fera basculer la rivalité dans un duel frontal et sans merci. Elle a lieu à Paris, le 20 février 2011. En ce début d'année, DSK est encore l'absent omniprésent. Archifavori des sondages (76 % d'opinions favorables dans le baromètre Ifop-*Paris Match* précédent), chacun de ses passages à Paris est pour lui l'occasion d'envoyer des signaux. La stratégie est habile. Ce week-end-là, Strauss-Kahn participe au G20 Finances organisé à Bercy. Le gotha de la finance mondiale est réuni, mais c'est la présence à Paris du favori socialiste pour la présidentielle qui crée l'événement. Le plan com de l'exilé du FMI est parfaitement rodé : questions-réponses avec les lecteurs du *Parisien-Aujourd'hui en France* et apparition sur le plateau du 20 heures de France 2. Deux passages médiatiques pour commenter la crise financière qui lui permettent surtout d'entretenir la flamme du retour auprès des électeurs français. Mais son principal rendez-vous, celui qu'il tient par-dessus tout à réussir, n'est pas inscrit à son agenda.

Il a lieu le dimanche à midi, au domicile de son ami Dan Franck, près de La Closerie des Lilas, dans le quartier de Montparnasse. L'écrivain connaît le couple Sinclair-DSK depuis de nombreuses années et prête volontiers son appartement dès que l'homme de Washington veut rencontrer discrètement des personnalités politiques. L'invité du jour, c'est François Hollande, justement. Les deux hommes ne s'apprécient guère, mais pour DSK, nécessité fait loi. Depuis plusieurs mois, Hollande trace son sillon et sa petite musique commence à plaire aux électeurs. Elle commence aussi à inquiéter Strauss-Kahn et ses amis. Le député de Corrèze devient dangereux. Il faut le neutraliser, l'empêcher d'aller au bout de sa démarche, faire en sorte qu'il ne transforme pas ce qui doit être une primaire de confirmation en réel affrontement politique. D'accord pour se coltiner Arnaud Montebourg et Jean-Michel Baylet, mais pas Hollande. Trop dangereux.

Rendez-vous est donc pris ce dimanche. DSK n'a qu'un seul objectif : le convaincre de jeter l'éponge et de se mettre à son service le moment venu. Aubry n'est plus un problème. Royal se soumettra. Que Hollande cède, et plus rien ne l'empêchera de revenir à Paris et de l'emporter dès le premier tour. Il accueille donc aimablement son principal rival. La discussion s'engage sur le calendrier de la primaire. Sous l'impulsion de Martine Aubry, les dates ont été arrêtées début janvier. Dépôt des candidatures entre le 28 juin et le 13 juillet. Vote les 9 et 16 octobre. Le patron du FMI aurait préféré rester à Washington jusqu'à l'automne, mais la première secrétaire en a décidé autrement. Il s'en ouvre à son concurrent :

DSK : – *Écoute, François, je n'ai pas encore pris ma décision finale, mais je vais vers cette déclaration de candidature. Martine ne s'y opposera pas.*

Hollande : – *Tu comptes l'annoncer ce soir sur France 2 ?*

DSK : – *Non, pas ce soir, c'est trop tôt. Ce calendrier des primaires ne m'arrange pas. J'aurais vraiment préféré un calendrier plus long, qu'on repousse la date de dépôt des candidatures après l'été, parce que j'ai l'affaire grecque à régler. Et toi, qu'est-ce que tu comptes faire ?*

Hollande, du tac au tac : – *Écoute, quand on s'est vus la dernière fois* (au mois de novembre 2010), *j'étais très loin du compte. Mais là, j'ai progressé dans les sondages. J'attends les cantonales, et si je suis réélu, je déposerai ma candidature.*

Le député de Corrèze tient tête au tout-puissant patron du FMI. Et clôt définitivement la conversation : – *Je ne négocie rien, je ne demande rien, je veux gagner. Sauf si, dans les sondages, je tombe à un niveau ridicule, j'irai jusqu'au bout et je te battrai.*

DSK accuse le coup mais reste confiant, persuadé que son rival veut uniquement faire monter les enchères : – *Tu te trompes. Tu vas voir les sondages... Mais je comprends. Je préférerais que tu n'y ailles pas, et je te demande de réfléchir. Restons en contact.*

Selon François Hollande, la discussion n'est pas allée beaucoup plus loin. « *Il ne m'a pas retenu. Il a été correct, pas du tout menaçant.* » Ni pression ni offre alléchante, selon le candidat. Mais pour François

Rebsamen, intime du député de Corrèze, DSK lui a proposé d'être son Premier ministre, à condition de se retirer de la course au plus vite. Juste après l'entrevue chez Dan Franck, Rebsamen interroge Hollande avec insistance :

Rebsamen : – *Il t'a proposé d'être Premier ministre ?*

Hollande : – *Nan.*

Rebsamen : – *On ne dit pas nan, on dit non...*

Hollande : – *Non, il a eu l'élégance de ne pas me le proposer...*

Rebsamen : – *Il te l'a proposé ou pas ?*

Hollande : – *Ça ne te regarde pas. Tu n'as pas à me poser ce genre de question !*

Pour le député-maire de Dijon, la réponse est évidente. « *Chez Hollande, ça voulait dire oui*[1]... » Au lendemain de cette négociation avortée, la situation est claire : François Hollande a refusé de se coucher. DSK a bien l'intention de le lui faire payer.

L'échange du mois de février ouvre les hostilités. Le climat est électrique. Les lieutenants du patron du FMI montrent les crocs. Pierre Moscovici met en garde les proches du député de Corrèze : « *Tu diras à ton copain Hollande qu'on ne peut pas avoir une chance au grattage et une chance au tirage.* » Avec un autre, il se fait plus menaçant : « *S'il est candidat contre Dominique, alors le Premier ministre, ce sera moi ! Lui, c'est fini, il n'aura rien !* » Jean-Marie Le Guen, autre lieutenant de Strauss-Kahn, ironise sur *« François qui montre ses petits muscles »*. Derrière les formules assassines et les petites phrases, Dominique et ses amis

1. Propos recueillis par les auteurs, le 21 septembre 2011.

savent qu'ils ont face à eux un adversaire décidé, qui avance et qui grignote son retard.

Quelques semaines plus tard, c'est Strauss-Kahn en personne qui flingue à tout-va. Lors d'un déjeuner avec la rédaction du *Nouvel Observateur*, le directeur général du FMI se lâche : *« François devra faire preuve de responsabilité ! Il n'aura pas le choix. Il devra se ranger derrière moi et me soutenir avant la primaire. Pas question de le laisser aller jusqu'au bout, il m'affaiblirait. S'il le faut, je lui tordrai le bras ! »* Et si Hollande cherchait simplement à négocier Matignon en l'affrontant lors des primaires ? Strauss-Kahn se braque une fois pour toutes : *« Non, c'est le contraire ! Si François fait ça, c'est qu'il n'a rien compris ! S'il se maintient et qu'il bordélise, il n'y aura rien à négocier ! »*

Entre les deux hommes, la rivalité ne date pas d'hier. *« François n'a jamais apprécié Dominique »*, croit savoir Jean-Christophe Cambadélis. Le député de Paris soupçonne Hollande d'être jaloux. *« DSK est trop brillant dans ses interventions sur les sujets économiques et François a toujours voulu le contenir. »* Et puis, il y a surtout l'épisode de la cassette Méry. Nous sommes en 1999. Ce chef d'entreprise filme sa confession sur sa participation au financement occulte du RPR dans les années 90. DSK, ministre de l'Industrie, en reçoit une copie, sans en faire état. Lorsque l'affaire rattrape le ministre du gouvernement Jospin, François Hollande, alors premier secrétaire du PS, prend ses distances avec Dominique Strauss-Kahn. À l'époque, prétend Jean-Christophe Cambadélis, « *François s'est caché derrière Jospin, expliquant qu'il lui avait recommandé de protéger le parti* ». François Rebsamen confirme l'état délétère des relations entre les deux hommes sans se l'expliquer réellement.

Dans ce duel, l'intervention d'un personnage très éloigné de la galaxie du PS va tuer le match avant même qu'il ait lieu. Une femme de chambre noire du Sofitel de New York donne l'alerte dans la nuit du 14 au 15 mai 2011. Elle accuse le client de la suite 2806 de l'avoir violée.

L'Isle-Adam, quelques heures après les événements du Sofitel. Il est 22 heures à New York, 4 heures du matin dans le Val-d'Oise. François Hollande dort profondément. Il passe la nuit dans la maison de sa compagne, Valérie Trierweiler. « *C'est elle qui me réveille* », confie l'intéressé. « *François, il y a une info selon laquelle DSK aurait été arrêté !* » Encore somnolent, le futur candidat balaie le « breaking news » d'un revers de main : « *Écoute, Valérie, ça fait partie des rumeurs internet, de toutes les balivernes qui circulent...* » Il se rendort. Valérie quitte la chambre, puis revient quelques minutes plus tard : « *François, je t'assure, la rumeur a l'air sérieuse !* » C'est cette seconde intervention qui sortira Hollande de son lit. Le couple se lève, allume la télé, écoute la radio. Le candidat ne se rendormira pas. Après une fin de nuit blanche, François Hollande appelle ses proches au petit matin, dont Michel Sapin, qui partage les doutes de son candidat. « *Tu passes de challenger à favori. C'est un problème* », lui glisse l'ancien ministre des Finances. Privé de son principal point d'appui,

Hollande est sonné. Sa marche en avant se trouve brutalement accélérée. Certes, l'avance de DSK dans les sondages s'érodait, oui le député de Corrèze refaisait lentement son retard, mais personne ne s'attendait vraiment à le voir propulsé en tête par un mauvais scénario hollywoodien. Il lui faudra du temps pour s'installer dans la peau du favori.

« *À ce moment-là, c'est un scénario qui s'effondre,* confie François Hollande. *Moi, candidat challenger de ce directeur du FMI qui revient, attendu par la faveur médiatique, ce scénario où l'homme normal a un sens s'effondre soudainement ! Je ne panique pas, mais je me dis que ça ne va pas se passer comme je l'avais prévu, comme je m'y étais préparé. Je pensais que j'aurais battu Strauss-Kahn et que ça m'aurait propulsé. C'est peut-être présomptueux, mais l'écart dans les sondages se réduisait*[1]. *Là, je me dis qu'il peut y avoir un réflexe de légitimité autour de Martine*[2]. »

Ce dimanche matin, François Hollande est attendu sur le plateau de *Dimanche+* sur Canal+. Avant de quitter L'Isle-Adam pour les studios de Boulogne, il prend un dernier coup de téléphone. C'est Martine Aubry, première secrétaire, qui peine à réaliser que son allié est menotté dans un commissariat new-yorkais : « *François, c'est terrible, il faut*

---

1. Sondage *Le Journal du Dimanche* du 15 mai 2011 : en cas d'hypothèse DSK candidat au premier tour de la présidentielle, DSK : 26 %. Hypothèse Hollande, Hollande : 23 %. *Le JDD* titre : « Hollande-DSK, l'écart se resserre. » Cette une sera finalement remplacée par l'affaire du Sofitel à la dernière minute.

2. Entretien avec les auteurs, le 17 février 2012.

réunir dès demain le bureau national ! » Hollande, pas encore tout à fait certain de la bonne attitude à adopter : « *Non, Martine, je n'y suis pas du tout favorable, il faut laisser du temps...* » Laisser du temps, la méthode classique du hollandisme. « *Elle est dans une attitude de solidarité, mais je comprends, dès ce coup de téléphone, qu'elle va être candidate. Je n'ai pas de doute. Et à cause de cette solidarité émotionnelle, elle met beaucoup de temps avant de se déclarer candidate, ce qui m'a permis à moi de m'installer* », confiera plus tard le grand bénéficiaire de la chute de DSK.

Paris, quarante-huit heures après l'arrestation du patron du FMI. Tous les barons du PS se retrouvent rue de Solférino pour un bureau national qui tient plus de la cérémonie funèbre que de la réunion politique. Les camarades font défiler leurs mines d'enterrement devant les centaines d'objectifs et de caméras venus couvrir les obsèques politiques de DSK. François Hollande, lui, est déjà dans l'après. À la suite de l'intervention de Martine Aubry appelant à la retenue et au respect de la présomption d'innocence, l'intervention du député de Corrèze tranche et sort les responsables PS de la torpeur. Il évoque en préambule le sort « *d'un ami qui est dans la douleur, le devenir personnel qui peut susciter la compassion* », mais c'est pour aussitôt tourner la page et projeter le parti dans l'après-Sofitel. « *Il y a aussi le devenir du parti, nous avons nos règles, nos procédures, notre calendrier, ils doivent être respectés.* » Sa déclaration prend acte de la rupture qui vient de se produire.

Trop brutalement, au goût de certains. Le temps du deuil n'a pas été respecté. *« Il a été incorrect et l'a joué trop perso »*, dénonce un Jean-Christophe Cambadélis proche de Strauss-Kahn. Cette interprétation, relayée par une partie des membres du bureau national, tient plus à l'amertume de voir Hollande propulsé en tête qu'à l'affection portée au directeur général du FMI. Les amis de Martine Aubry et de DSK, qui depuis des mois avancent ensemble pour se garantir un ticket gagnant dans la primaire, sont encore sonnés par le coup de théâtre de New York. Ils encaissent l'accélération de Hollande comme une agression directe. Michel Sapin récuse d'ailleurs l'idée d'un manque de tact de son mentor face à ce que le PS vit comme un traumatisme, rappelant le propos d'Henri Emmanuelli, jugé *« beaucoup plus méchant et lapidaire que François. C'est Henri qui s'est emporté en affirmant que le parti n'était pas tributaire de ce qu'a commis un de ses dirigeants. Personne ne l'a engueulé, lui »*, conclut Sapin.

Harlem Désir, numéro 2 du parti alors proche de Martine Aubry, juge que l'initiative de Hollande était salutaire. *« Il a réagi en politique, c'était la seule chose à faire. Que pouvions-nous dire à nos sympathisants ? Qu'on allait geler le processus des primaires ? Qu'on devait tout remettre en question à cause de DSK ? Et qu'est-ce qu'il y aurait eu après ? Un congrès ? Une vie de parti fluctuante, au gré du calendrier judiciaire américain ? Non, François Hollande a eu raison. »*

Reste que cette sortie est considérée par beaucoup comme un faux pas, alors que l'enjeu est de rallier les orphelins de DSK pour prendre l'avantage dans la primaire. L'accord avec Pierre Moscovici met du temps à se dessiner. « *Pierre, c'est une toupie,* tacle Jean-Christophe Cambadélis. *Les jours qui ont suivi la chute de Dominique, Mosco me disait qu'il allait être candidat, et puis finalement il a rejoint Hollande.* »

Dans son sillage, une poignée d'élus rejoignent le camp Hollande, mais surtout une légion d'experts qui viennent renforcer le dispositif de campagne. À leur tête, Constance Rivière, jeune conseillère d'État proche de Moscovici, qui va travailler en binôme avec Manuel Flam, brillant diplômé de l'Essec et de l'ENA, chargé, dans le camp Hollande, de coordonner le travail des experts. En tout, ce sont près de trois cents têtes pensantes et chercheuses qui se mettent au service du candidat. Ils sont hauts fonctionnaires, banquiers, financiers, intellectuels et préparent depuis de longs mois, parfois des années, le retour de la gauche au pouvoir. Avec le ralliement de Moscovici, ce sont de puissants réseaux, qui s'étaient constitués dans le sillage de DSK, qui basculent au service de Hollande. Un atout décisif dans la perspective des primaires, puis de la présidentielle. Leur rôle : étoffer, densifier le projet, trouver des idées nouvelles, pondre des communiqués thématiques. En haut de la pyramide, tout est validé par Michel Sapin. Ce qui fait pencher la balance en faveur de Hollande, c'est, une fois encore, son sens politique. « *Pour Martine, notre soutien était acquis,* se souvient la députée Marisol Touraine. *Martine avait d'ailleurs déjà inscrit mon nom sur son organigramme de campagne. Mais elle refusait de nous prendre au téléphone ! Ses proches ne nous parlaient que de postes, de marchandages, jamais du fond.* »

Plus stratège que sa rivale, François Hollande fait exactement le contraire. Il prend le temps de cajoler les orphelins traumatisés de DSK. Régulièrement, il voit Pierre Moscovici, Marisol Touraine, les consulte sur le fond, leur laisse du temps. Alors que les lieutenants de Martine Aubry sont plutôt dans le registre *« du flingue sur la tempe »*, selon l'expression imagée de l'un de ces strauss-kahniens. Vincent Peillon, lui aussi partisan de DSK, a choisi Hollande. *« Martine parle de postes, lui parle d'idées »*, explique-t-il. Après le choc du 15 mai, Peillon n'a pas longtemps hésité. Pourtant, la première secrétaire lui a maintes fois promis monts et merveilles depuis le congrès de Reims de 2008. L'assurant notamment, comme elle l'avait dit à d'autres, qu'il lui succéderait si elle emportait l'Élysée. Objectif : rallier celui qui reste à la tête du courant le plus important du parti, « L'Espoir à gauche » rassemblant les troupes socialistes qui s'étaient rangées derrière Ségolène Royal lors du congrès. *« Le problème, c'est qu'avec Aubry, rien n'est jamais clair. Combien de fois j'ai lu dans le journal que j'étais chargé de ceci ou de cela »*, argumente Peillon pour expliquer son ralliement. Alors, lorsque le député de Corrèze l'a appelé pour le sonder sur ses intentions quelques jours après l'empêchement de DSK, Vincent Peillon reconnaît qu'il s'est facilement laissé convaincre.

9

L'été meurtrier

Cette nuit du dimanche 15 mai 2011, lorsque la nouvelle de l'arrestation du directeur général du FMI pour agression sexuelle se propage dans les rédactions, *Le Journal du Dimanche* imprime ses premières éditions destinées à la province. En une, un sondage Ifop sur la présidentielle teste les candidats potentiels de la gauche. Et, pour la première fois, DSK et Hollande sont au coude à coude. Dominique Strauss-Kahn comme candidat obtiendrait 26 % au premier tour ; François Hollande, dans une seconde hypothèse, obtient 23 %. Dès le samedi après-midi, le site internet du journal titre : « *L'étau se resserre.* » En première page de l'édition papier prête pour l'imprimerie, une photo de Hollande et ce titre : « *La percée.* » Le député de Corrèze est naturellement informé depuis le début du week-end de cette étude d'opinion qui vient couronner une stratégie dont il pressentait les effets quelques semaines plus tôt. « *Je suis servi par le silence de DSK, par la guerre des deux femmes* (Aubry et Royal), *par mon travail, mais je ne m'attendais pas à atteindre ce niveau-là si rapidement*[1]... » La ténacité semble commencer à payer, veut croire l'ex-premier secrétaire du PS. Mais ce sondage, si flatteur, passera presque inaperçu. Au beau milieu de la nuit, Denis Olivennes, patron du pôle information du groupe Lagardère, donne l'ordre de casser la une. Il en informe d'ailleurs Hollande au petit matin par un coup de téléphone. Le *JDD* titre logiquement sur l'arrestation de DSK, le fameux sondage est relégué en pages intérieures. Hollande s'attendait à venir commenter son match avec le directeur général du FMI sur le plateau de *Dimanche +*, il va devoir s'exprimer à chaud sur un fait divers qui bouleverse l'issue de l'élection présidentielle française et dépasse largement le périmètre du Parti socialiste. À qui va bénéficier l'empêchement du favori de la gauche face au président sortant ? À Martine Aubry, alliée de Strauss-Kahn et patronne des socialistes ? À Ségolène Royal, seule prétendante à avoir l'expérience d'une présidentielle ? Ou à Hollande ?

Sur l'instant, le futur vainqueur doit s'en tenir à un numéro d'équilibriste. Ménager un électorat et un parti traumatisés.

Le suspense et la fébrilité qui l'accompagne seront de courte durée. Le premier sondage publié après l'affaire du Sofitel confirme la troisième hypothèse[2]. Avec 29 % des voix au premier tour contre 19 % au président sortant, Hollande devient la

1. Entretien avec les auteurs, le 14 mars 2011.

2. Sondage Ipsos-Logica Business Consulting, réalisé le 18 mai 2011.

meilleure chance socialiste de battre Nicolas Sarkozy. Il se substitue de façon totalement inattendue au candidat DSK. Son adversaire principal au tapis, la route semble miraculeusement dégagée pour l'outsider moqué par les éminents dirigeants du PS qui lui ont succédé.

Paradoxe de la situation, le nouveau héros des sondages, qui manœuvre depuis des mois pour revenir sur la photo, commence à vaciller au moment où le sort le propulse sur le devant de la scène. La mise hors jeu du patron du FMI fragilise, un temps, sa stratégie : « *Quand l'affaire DSK éclate, c'est tout mon scénario qui s'effondre. Je m'attendais au rouleau compresseur, je pensais être David et lui Goliath. Et je pensais le battre à la régulière*[1] *!* » Avec la chute de Dominique Strauss-Kahn, la stratégie de l'« homme normal » est remise en cause. Ce 15 mai 2011, David devient Goliath. Trop tôt. Trop vite.

L'un de ses conseillers les plus proches use de la métaphore sportive pour décrypter cette séquence. « *Quand l'événement Strauss-Kahn arrive, ça va trop vite. François n'avait pas trouvé son rythme. Il était habitué à jouer comme l'AJ Auxerre des grandes années, uniquement en contre. Il marquait bien à la culotte, avec des petites phrases, mais il n'était pas habitué à faire le jeu. Le mec en face n'est plus là, et donc, il faut faire le jeu. Les gens le regardent et se demandent comment il tricote le ballon lui-même. Ce n'est pas facile de jouer soudainement à la brésilienne quand on a été l'AJ Auxerre pendant tant d'années ! Il faut tout rebâtir...* » Pendant deux mois,

1. Entretien avec l'un des auteurs, le 8 octobre 2011.

bien qu'en tête dans les sondages, Hollande tâtonne. Pour « faire président », le Corrézien avait besoin d'un adversaire plus grand, plus fort que lui. Il va devoir se contenter d'une première secrétaire hésitante mais qui incarne mieux que quiconque les valeurs de la gauche.

Paradoxalement, Martine Aubry est peut-être une adversaire plus compliquée à battre que le patron du FMI. Le candidat « normal » devient « banal » dans la bouche de ses concurrents, et les proches de Martine Aubry parient sur une inversion des courbes autour du 14 juillet au bénéfice de la première secrétaire. Mais, une fois de plus, Hollande va bénéficier des erreurs de jugement de ses concurrents. Empêtrée dans son pacte avec DSK, solidaire jusqu'au bout, Martine Aubry tarde à entrer en campagne. Elle ne se lance qu'à la toute fin du mois de juin. Une première erreur qui laisse le temps à la candidature de François Hollande de s'installer dans l'opinion. L'autre moment clé de cette période de transition intervient au lendemain du 14 juillet.

Avant de partir en vacances, les candidats à la primaire ont prévu de réserver quelques dates de manifestations estivales très prisées des Français dans leur agenda. François Hollande, qui aime bien le football mais se désintéresse totalement du cyclisme, a décidé finalement de sacrifier à un rite politique qui en dit long sur la campagne qu'il prépare : assister à une étape du mythique Tour de

France. Manifestation populaire par excellence, la grande boucle est un bon moyen de manier les symboles et de faire passer un message à des Français qui le connaissent encore mal : *« Je vous ressemble et je vous rassemble. »* Ce 16 juillet, François Hollande passe donc la journée dans les Pyrénées sur la 14e étape du Tour. Le Français Thomas Voeckler est en jaune, Hollande est bronzé, détendu, et joue déjà au président de la République en venant saluer le champion français du moment.

Mais dans la voiture qui l'emmène de Saint-Gaudens au plateau de Beille, le candidat socialiste délaisse un instant le sport et l'ambiance festive du Tour pour se concentrer sur l'économie et la situation catastrophique que traverse l'Europe en ce début d'été. Les dettes grecque, portugaise, espagnole et italienne sont sous le feu des marchés et menacent de faire exploser la zone euro. Hollande, qui cherche depuis plusieurs semaines le moyen de reprendre la main, voit dans cette crise de la dette européenne une excellente opportunité. Dans les lacets de l'ultime montée vers la ligne d'arrivée, sous les cris des supporteurs massés au bord de la route, Hollande s'échine à rédiger une tribune qui sera publiée dans *Le Journal du Dimanche* pour exprimer sa vision de la crise qui frappe l'Europe.

Entre deux saluts à la foule pour les caméras de télévision, Hollande s'entretient au téléphone avec un de ses plus proches conseillers chargé des questions économiques et internationales. Un certain Emmanuel Macron, associé-gérant de la banque Rothschild, 34 ans, devenu incontournable dans l'entourage du futur chef de l'État. Philosophe de formation, ancien assistant de Paul Ricœur avant d'entrer à l'ENA, il a été repéré par Jean-Pierre Jouyet à l'inspection des Finances. Quand Nicolas Sarkozy arrive à l'Élysée, Emmanuel Macron décide de quitter l'administration pour la banque d'affaires. C'est à lui que le candidat a confié la coordination des experts économiques. C'est aussi lui que François Hollande appelle ce 16 juillet depuis sa voiture suiveuse du Tour de France pour mettre au point la tribune qui sera publiée le lendemain. Avec son jeune conseiller, et contre l'avis d'une partie de sa garde rapprochée qui prônait une approche plus prudente de la situation, Hollande décide de faire du retour à l'équilibre budgétaire un axe de campagne. Dans son article intitulé *« Sauver l'euro maintenant ! »*, il énonce ses propositions politiques pour sauver l'euro et tacle le couple Merkel-Sarkozy. Dans un entretien au journal *Le Monde*, Hollande va plus loin et promet de rééquilibrer les comptes publics dès 2013. C'est le choix d'une – relative – discipline budgétaire, qui n'allait pas de soi à ce moment-là. Surtout à gauche !

Dans le même temps, persuadée que la primaire se gagnera en allant draguer l'électorat traditionnel de la gauche, Martine Aubry adopte l'attitude opposée. D'Avignon, elle annonce au monde du spectacle une hausse *« de 30 à 50 % »* du budget du ministère de la Culture. Dès lors, et pendant toute la primaire, Hollande incarnera une certaine gauche « responsable » dans la tradition d'un Rocard ou d'un Delors, son ancien mentor. C'est un tournant majeur, selon Emmanuel Macron. « *Ce jour-là, François prend Martine à contrepied,* confie-t-il. *Et après cet épisode, la crise européenne s'accentue. Dans le clan Aubry, ses économistes lui disent qu'elle a fait une connerie et, en huit jours, elle revient complètement sur le terrain de jeu de Hollande. Il lui a fait très très mal ce jour-là. Les gens se sont dit : ce type, dont on pensait qu'il était un rad-soc classique, est capable d'aller voir les gens et de leur dire qu'il ne peut pas tout promettre, tout en prenant le terrain dont Bayrou avait l'exclusive, celui de la rigueur budgétaire. C'est le moment où il reprend la main, il se remet à faire le jeu*[1]. »

François Hollande s'est placé en tête de la course, à gauche, et n'a plus l'intention de lâcher cette place ! Pendant tout l'été, il occupe le terrain, appelle quotidiennement ses conseillers, prépare un colloque sur la crise pour la fin du mois d'août. Il décide aussi de ne pas quitter la France, pour être au plus près des événements.

Pendant ce temps, Martine Aubry va commettre une nouvelle erreur de timing. Une de plus ! En vacances au Canada, difficilement joignable, elle disparaît des écrans radar pendant quinze jours, persuadée que la primaire ne commencera qu'après les universités d'été de La Rochelle. « *Il la prend de vitesse, de manière sarkozyste, sur ce coup-là,* décrypte un conseiller de l'ombre. *L'air de rien, derrière une allure tranquille, c'est quelqu'un de très rapide, toujours*

1. Entretien avec les auteurs, le 7 février 2012.

en mouvement, qui pousse l'adversaire à réagir. » Sa riposte, Martine Aubry la garde pour le grand raout de La Rochelle. Ce vendredi matin qui ouvre les universités d'été du PS, elle réunit les secrétaires départementaux du parti. La « réunion » se transforme en meeting, avec entrée triomphale dans le grand amphi de l'espace Encan aux cris de « Martine présidente ! ». Reposée, enfin décidée à en découdre, elle semble pleinement entrée en campagne. « *Elle était formidable, c'est sûrement le meilleur discours qu'elle ait jamais prononcé* », témoigne Jean-Christophe Cambadélis, présent ce jour-là. Mais personne n'a pensé à un petit détail : il manque... les caméras ! Aucune image ne saisira la remise en selle de Martine Aubry. Prise de vitesse, plombée par son pacte avec DSK et par ses erreurs de campagne, la première secrétaire ne parviendra jamais à refaire son retard sur celui que la plupart des dirigeants socialistes méprisent. Ou ignorent, tout simplement, à l'image d'un Laurent Fabius, auteur de la formule assassine devenue célèbre : « *Hollande président ? On rêve.* »

La veille du premier tour de la primaire, François Hollande se confiait à l'un des auteurs. Dans un train qui l'emmène pour un ultime déplacement de campagne à Metz et Nancy, le candidat socialiste se remémore le film depuis le début. Pas encore élu, mais déjà dans la peau du vainqueur, sa relecture des événements est implacable pour ses adversaires. « *Finalement, ils m'ont rendu service du début à la fin.*

Ils : DSK, Fabius, Aubry. *Moi, je n'étais pas favorable aux primaires. Et eux, ils veulent à tout prix une primaire de confirmation pour DSK. Ensuite, ils font tout pour DSK ! Ils se font élire à Reims sur une ligne très à gauche, et après, quand l'idée de DSK s'affirme, c'est un long processus de modération. Ils recentrent le parti pour DSK, donc ils font un projet qui ne me gêne pas. Après, ils choisissent une date. C'est important, les dates… Strauss-Kahn voulait rentrer en septembre pour une campagne courte et une primaire de confirmation en novembre. Aubry ne veut pas me donner raison sur la date et trouve novembre un peu lointain, donc elle prend une décision mi-chèvre mi-chou. Ce sera donc octobre. J'avais préconisé une primaire avant l'été. S'ils m'avaient écouté, il n'y aurait jamais eu le 15 mai*[1]. » Mais, à l'époque, personne ne l'a écouté. Hollande « le chanceux » salue des circonstances qui, une fois de plus, orientent son destin vers cette ambition qu'il nourrit depuis longtemps.

1. Entretien avec l'un des auteurs, le 8 octobre 2011.

10

La femme de sa vie

Coulisses du premier débat de la primaire socialiste, le jeudi 15 septembre 2011. Les couloirs des studios de La Plaine-Saint-Denis sont en ébullition. On se croirait presque dans une annexe du siège du PS. On court, on chuchote, on se pavane. On se croise, immanquablement. Deux salles de maquillage ont été prévues. Une pour les hommes, l'autre pour les femmes. Hollande, Montebourg, Valls et Baylet d'un côté. Aubry et Royal de l'autre. Avec eux, seuls les plus proches ont été autorisés à pénétrer le saint des saints. Dans le clan Hollande, Valérie Trierweiler est naturellement sur la liste. Sa présence, remarquée, intrigue les entourages des autres candidats.

Inévitablement, celle que François Hollande a lui-même présentée comme « *la femme de* (sa) *vie*[1] » va croiser celle qui a partagé sa vie pendant vingt-cinq ans. Ségolène Royal face à Valérie Trierweiler. Le passé contre le présent. À plusieurs reprises, les

1. Interview au magazine *Gala* du 13 octobre 2010.

deux femmes se croisent. Une scène affreusement banale si elle n'avait pas lieu juste avant un débat décisif pour l'issue des primaires et, par voie de conséquence, pour l'avenir de la gauche. Certains affirment que ce chassé-croisé entre l'ex-femme et la nouvelle déstabilise Ségolène Royal à quelques minutes d'une confrontation qui met déjà les candidats sous pression. *« C'était assez indélicat de la part de François d'être venu avec elle et de l'avoir amenée en coulisse,* juge un socialiste présent ce soir-là. *Ségolène Royal a manifestement été affectée et ça s'est vu. »* La déclaration préliminaire de Royal est effectivement laborieuse. Fébrile, elle lit manifestement son texte, le regard un peu perdu. Sa prestation à l'issue de ce premier round est jugée assez sévèrement par les observateurs. Ségolène Royal est passée à côté.

Une semaine plus tard, deuxième débat, le 28 septembre sur I-Télé. L'état-major de la présidente du Poitou pose ses exigences. Pas question d'accepter les mêmes conditions. Les candidats et leurs entourages devront pouvoir s'isoler sans se croiser jusqu'à leur entrée sur le plateau. Royal ne craint pas les feux de la rampe, mais elle veut débattre à la loyale, sans avoir sa rivale sur son chemin au moment d'affronter son « ex ». La règle du jeu sera respectée. Pour ce deuxième round, un miroir de cinéma a été installé dans chacune des loges pour permettre aux débatteurs de se faire maquiller à l'écart. François Hollande a fait venir son coiffeur personnel, Ségolène Royal révise ses thèmes avec sa garde rapprochée. Et Martine Aubry ? Martine Aubry, elle, a disparu. Les garanties de confinement apportées par la production ne lui suffisent pas. Plusieurs dizaines de minutes avant le débat, préférant ne pas avoir à saluer ses concurrents, la première secrétaire s'enferme au rez-de-chaussée, près du plateau... dans un local à balais ! Elle n'en sortira qu'au dernier moment, faisant une entrée remarquée dans « la salle d'attente » où les proches des candidats boivent un verre entre camarades. Ce soir-là, Ségolène Royal ne croisera pas sa rivale. François Hollande et elle se sont-ils parlé ? En tout cas, le favori des sondages est venu seul. Comme d'habitude, il est arrivé en retard, accompagné de Faouzi Lamdaoui et Stéphane Le Foll, mais sans « Valérie », qui cherche encore la bonne posture dans son nouveau rôle de « première dame potentielle ».

Valérie Trierweiler ne viendra pas non plus pour le troisième round. Mais le duel à distance entre ces deux femmes qui n'ont pas encore soldé leurs comptes est bel et bien lancé. Ségolène Royal, femme trompée, et Valérie Trierweiler, *« femme de la vie »* de François Hollande, sont toujours rivales, explique un journaliste témoin d'un esclandre quelques années plus tôt dans un restaurant proche de l'Assemblée nationale. La candidate socialiste à la présidentielle avait fait irruption dans la salle alors que Hollande y déjeunait avec sa maîtresse. *« Royal a fait un véritable scandale ! »* se souvient-il. Entre 2005 et 2007, deux années durant, les deux femmes se sont livré une guerre sans merci. *« Ségolène a pris son téléphone pour rencontrer le mari de Valérie, se présentant comme l'épouse de l'amant de sa femme »*, confie un autre journaliste qui côtoyait à l'époque Valérie Trierweiler. D'autres se souviennent de Royal interpellant publiquement la journaliste de *Paris Match* dans les couloirs de l'Assemblée. La rivalité amoureuse se double d'une rivalité politique alors que la primaire socialiste de 2006 se profile. Ségolène Royal a décidé d'y aller et l'a fait savoir au premier secrétaire dès la fin de l'été 2005.

Les blessures de l'époque ne sont pas refermées. La méfiance entre les deux femmes ne s'est pas dissipée. Le commentaire publié sur Twitter par Valérie Trierweiler le 12 octobre, alors que Ségolène Royal appelle à voter Hollande pour le second tour de la primaire, est mal perçu. « *Hommage à Ségolène Royal pour son ralliement sincère, désintéressé et sans ambiguïté.* » Certains, dans l'entourage de Royal, jugent ce commentaire public « *déplacé* ». Difficile de trouver le ton juste, la bonne place à côté de son compagnon, dans cette histoire où se mêlent sentiments et politique. Le nouveau statut de Hollande, qui aspire à devenir un candidat de rassemblement, propulse Valérie Trierweiler sur la scène publique. Un nouveau rôle difficile à composer. La journaliste doit passer de l'autre côté de la rampe pour rejoindre les rangs des personnalités politiques qui étaient jusqu'ici les sujets de ses enquêtes.

Le 2 octobre, François Hollande et sa compagne arrivent en retard sur le plateau de *Face à l'actu*, la nouvelle émission de Marc-Olivier Fogiel sur M6. À une semaine du premier tour de la primaire, le favori des sondages a accepté d'en être le premier invité. En sachant sans doute ce qui l'attendait. Mordant, le journaliste aborde tous les aspects de la personnalité du candidat à la présidentielle. Il se fait insistant lorsqu'il s'agit d'évoquer les rapports avec Ségolène Royal. Images à l'appui. « *On le voit sur ces images après le débat télévisé entre les candidats, vous embrassez Martine Aubry mais vous serrez la main de Ségolène Royal,* lance Marc-Olivier Fogiel.

– *Oui, c'est une règle que nous nous sommes fixée,* répond calmement François Hollande.

– *Mais tout de même,* poursuit le journaliste, *affronter la mère de ses quatre enfants, c'est particulier, non ?* » Calme mais ferme, le favori de la primaire, dans la posture très présidentielle qu'il campe depuis la rentrée, renvoie les balles sans s'agacer. Mais en coulisse, Valérie Trierweiler s'énerve silencieusement et tweete frénétiquement pour riposter en direct : « *Je ne parle pas de ma vie privée, dit Marc-Olivier Fogiel, alors merci de respecter celle des autres* », ou encore : « *Journaliste politique, c'est un métier.* » Les équipes de l'émission suivent en temps réel les commentaires de la compagne de l'invité. L'idée est même un instant évoquée de faire apparaître les tweets rageurs en plateau, sur le grand écran où sont incrustées des images et des citations pour créer une sorte de happening.

Valérie Trierweiler, vingt ans de journalisme politique derrière elle, plusieurs campagnes présidentielles à suivre les candidats, est passée de l'autre côté du miroir. Et cela représente une épreuve :

« Ça n'a rien d'une évidence pour moi, avoue-t-elle, *je suis toujours journaliste, cela me paraît totalement déplacé de déjeuner avec des journalistes, des confrères, pour faire du off avec eux. »*

Pour la première fois, François Hollande accepte de commenter le rôle de sa compagne. *« Valérie ne m'a pas du tout poussé à la candidature, pas plus qu'elle ne m'a retenu. Elle a considéré que c'était ma propre décision, et dès lors que je m'engageais, elle m'accompagnait et me facilitait les choses. Mais ce n'est pas du tout elle qui m'a dit : "Vas-y, c'est à toi, il faut y aller !" Au contraire,* précise Hollande, *elle cherchait, comme quand on refait sa vie, à être en période de quiétude plutôt qu'en période d'agitation. »* Quant aux réactions épidermiques de sa nouvelle compagne à l'égard de son ex-femme, Hollande y voit un sentiment bien naturel : *« Quand vous vivez avec quelqu'un qui a eu une autre vie avant, vous n'avez pas envie que cette autre vie revienne. C'est plus ça que de la jalousie. On n'a jamais envie que l'ancien conjoint revienne dans le paysage*[1]. » Un proche du candidat résume la situation : *« On croirait que François a quitté Valérie pour Ségolène et non l'inverse, tant elle est jalouse. »* Un sentiment qui a conduit Valérie Trierweiler à ne pas se déplacer le 6 mai 2007, comme elle l'a confié dans un livre : *« Je ne suis pas allée voter ce jour-là, je ne le pouvais pas, ne le voulais pas. Comme si je ne me sentais pas concernée. Ou trop concernée, justement. C'était douloureux*[2]. »

1. Entretien avec les auteurs, le 17 février 2012.

2. Constance Vergara, *Valérie, Carla, Cécilia, Bernadette et les autres*, Tallandier, 2012.

Quelle place prendre ? Compagne et stratège avec des responsabilités dans le staff de campagne, à l'image de Cécilia Sarkozy ? Plus en retrait ? *« J'en ai parlé avec Sylviane Agacinski, l'épouse de Lionel Jospin. Quelques jours avant la convention d'investiture de François, nous avons dîné avec eux. Sylviane m'a convaincue d'assister à la convention au premier rang, de m'afficher. C'est ce qu'elle avait fait en 1995 pour Lionel. Elle était au premier rang à côté de Michel Rocard. »* Le couple Jospin-Agacinski comme modèle. À l'hebdomadaire *Paris Match,* dans l'une des premières interviews qu'elle accorde en tant que compagne du candidat socialiste, la journaliste se souvient de sa première rencontre avec la femme de Lionel Jospin. *« C'était en 1994, quand il venait d'être désigné comme candidat. J'avais rendez-vous avec lui pour une interview. Elle m'a accueillie, puis m'a dit : "Je ferai tout ce qu'il faut pendant la campagne, j'apporterai les cafés, etc., mais je voulais vous dire que je suis Sylviane Agacinski, philosophe, et que j'écris*[1]*." »* Une partenaire loyale et dévouée. Une femme qui préserve sa propre existence, c'est le modèle que Valérie Trierweiler souhaite reproduire. La journaliste n'envisage pas de ne plus exercer son métier. *« Je suis même étonnée qu'on me pose la question,* s'indigne-t-elle, *et puis il faut bien que je gagne ma vie, j'ai trois enfants, et François n'est pas richissime ! »*

Halle Freyssinet à Paris, le 22 octobre 2011. Pour l'investiture de François Hollande, la compagne et journaliste suit le conseil de Sylviane Agacinski.

---

1. *Paris Match* du 20 octobre 2011.

Devant 4 000 personnes, le candidat socialiste descend de la scène et rejoint Valérie Trierweiler, assise au premier rang entre le fidèle Stéphane Le Foll et le directeur de campagne Pierre Moscovici. Premier baiser d'amoureux échangé en public. Valérie Trierweiler sort officiellement de l'ombre. Sa présence, discrète mais visible, devient habituelle aux côtés du candidat. On la voit à Berlin, où elle assiste au congrès du SPD à côté de Manuel Valls, ou chaque fin de semaine en Corrèze dans le fief de Hollande. Difficile d'assumer son rang de « femme du candidat », compliqué aussi de trouver sa place dans l'équipe de campagne. Au QG de l'avenue de Ségur, François Hollande lui a fait installer un bureau au troisième étage. Pour certains, c'est la preuve qu'elle veut intervenir dans la campagne, à l'image de Cécilia Sarkozy, omniprésente en 2007. Le candidat socialiste réfute cette comparaison. La présence de Trierweiler au QG ne serait qu'une affaire privée. *« Elle n'a pas de rôle politique, mais en même temps, il faut que Valérie se sente à son aise autant qu'il est possible ! Il faut voir ce que c'est d'être candidat, les gens vous agrippent, vous embrassent, ignorent le conjoint, demandent des photos… et le conjoint a le sentiment d'être éloigné, écarté. »* Pour souligner ce danger d'une conquête du pouvoir qui fragilise l'équilibre d'un couple, Hollande ose une analogie avec le couple Sarkozy. *« Quand je croisais Cécilia Sarkozy dans les coulisses de débats télévisés, j'imaginais, sans doute par une forme de préjugé presque sexiste, que c'était elle qui le poussait. Or l'expérience a démontré que Cécilia était plus attachée à sa vie personnelle qu'à sa vie politique. Je pense que Valérie est dans ce cas*[1]. »

Malgré les efforts de François Hollande pour minorer le rôle de sa compagne, les tensions avec l'équipe du candidat se multiplient. Les ennuis commencent dès la campagne des primaires. En septembre, peu de temps avant un meeting à Trélazé, près d'Angers, la première dame s'accroche avec Stéphane Le Foll devant quelques témoins. Il a eu le tort de ne pas l'associer à ce déplacement dans sa ville natale. Les reproches sont très mal reçus par celui qui accompagne Hollande depuis des années : « *Tu ne vas pas nous casser les pieds ! Nous, ça fait quinze ans qu'on se décarcasse pour lui.* » Jusqu'ici, personne dans l'entourage du candidat n'avait osé interpeller ainsi Valérie Trierweiler. D'autres choisissent la stratégie opposée et prennent la défense de la compagne du candidat. Manuel Valls, directeur de la communication, endosse ouvertement le rôle de représentant de la première dame dans la campagne. Ainsi, lorsque est envisagée l'idée d'un meeting de François Hollande à Niort, sur les terres de Ségolène Royal, Valls met son veto, provoquant la colère de Stéphane Le Foll : « *T'as gagné cette fois-ci, mais de toute façon, on le fera, le meeting commun avec Ségolène.* » Dans son souci de protéger la femme du chef, Manuel Valls franchit parfois la ligne jaune. Le 22 janvier 2012, lors du meeting du Bourget, le PS diffuse sur écran géant un film retraçant les grandes heures du parti. Un mur d'images balaie également

1. Entretien avec les auteurs, le 17 février 2012.

la vie personnelle de François Hollande. Ségolène Royal a tout simplement été rayée de la carte. Valls a préféré gommer la présence de l'ancienne compagne. « *Manuel a fait un excès de zèle* », ironise François Rebsamen qui, le lendemain du Bourget, joint sa voix à celle de Jean-Pierre Bel, le président du Sénat, pour s'en plaindre à Hollande : « *Ce n'était pas correct, vraiment pas correct* », glisse le sénateur-maire de Dijon.

Un autre épisode va alimenter la tension entre une partie des politiques présents quotidiennement avenue de Ségur et Valérie Trierweiler. Il concerne cette fois directement la journaliste. Après avoir quitté temporairement l'antenne de Direct 8, chaîne de la TNT où elle présentait une émission d'entretiens avec des hommes politiques, Valérie Trierweiler doit faire son retour avec un nouveau programme. Dans *Itinéraires*, diffusé le samedi, la journaliste interroge cette fois des personnalités du monde de la culture sur un mode intimiste et introspectif. Le premier numéro, avec Joey Starr, est programmé le 28 janvier. La semaine qui précède, Valérie Trierweiler en assure la promotion dans les médias. Elle qui s'était jusqu'ici limitée à une seule interview accordée au journal qui l'emploie (*Paris Match*), choisit de s'exposer à nouveau. Non pas pour évoquer son statut aux côtés de François Hollande, mais pour faire connaître sa nouvelle émission. Interview dans les pages culture du journal *Le Parisien*, présence sur le plateau du *Grand Journal* de Canal+ dans la partie culturelle de l'émission. Une promotion dont aucun autre journaliste de la TNT, si talentueux fût-il, n'aurait bénéficié. Cette singularité n'a pas échappé au premier cercle du comité de campagne du candidat, dont une partie s'offusque qu'elle utilise ainsi son statut pour faire la promotion de son émission. « *On était assez interloqués, pour ne pas dire autre chose,* confie, en triple off, un politique proche de Hollande. *Mais évidemment, on évite d'en parler. C'est un sujet tabou* », conclut cette source. Cette fois encore, le candidat, naturellement, défend la position délicate de celle qui partage sa vie. Si elle bénéficie de son statut pour s'affirmer dans son métier de journaliste, c'est une forme de compensation. « *Ça lui permet de montrer qu'elle a une existence propre, autre que le fait d'être ma conjointe,* analyse Hollande. *C'est important pour elle. Elle a besoin de ça parce que ce n'est pas facile d'être journaliste et de devoir renoncer à ce qui est son cœur de métier : l'interview politique. C'est un vrai sacrifice, et,* ajoute-t-il, *elle le vit toujours avec beaucoup de douleur. Elle me dit souvent – et elle a raison – que quand nous n'avions que des relations professionnelles, elle me voyait davantage et plus facilement qu'aujourd'hui*[1]. »

1. Entretien avec les auteurs, le 17 février 2012.

11

Ces anonymes qui firent basculer Royal

La Maison des polytechniciens est un hôtel particulier cossu du 7e arrondissement, cour pavée, grand escalier en marbre, lustres majestueux. À quelques mètres de la rue de Solférino et du siège du PS. Vaste, le lieu comporte plusieurs salons et une grande salle de réception, idéale pour tenir une conférence de presse un soir d'élection. Le 21 novembre 2008, toute la garde rapprochée de Ségolène Royal y attend le verdict du second tour de l'élection du premier secrétaire. Il y a là Vincent Peillon, Manuel Valls, Arnaud Montebourg, Julien Dray qui étreint Pierre Bergé. *« On tourne une page du parti »*, se félicite un peu vite le député de l'Essonne. Un parfum de victoire enivre les partisans qui se pressent dans l'hôtel particulier, sous le regard gourmand des nombreux journalistes présents. Ivresse éphémère qui se dissipe brutalement aux alentours de 23 heures lorsque la tendance s'inverse : Martine Aubry refait son retard et voit se profiler une victoire qui semblait pourtant promise à sa rivale. La soirée s'achève dans les menaces de procès, les accusations de tripatouillages, ouvrant l'une des pages les plus sombres de l'histoire récente du PS. Un traumatisme toujours douloureux chez Ségolène Royal et ses proches.

Trois ans plus tard, ils sont un peu moins nombreux à se presser rue de Poitiers sous les lambris de la Maison des polytechniciens. Ce 9 octobre 2011, Manuel Valls court sous ses propres couleurs, Arnaud Montebourg aussi. Vincent Peillon, lui, a rejoint François Hollande. Ils ne sont plus qu'une poignée autour de l'ex-candidate à la présidentielle à attendre les résultats du premier tour de la primaire. Najat Vallaud-Belkacem et Delphine Batho, les deux jeunes porte-parole, Jean-Louis Bianco le vieux grognard, Guillaume Garot et Dominique Bertinotti les plus fidèles. Cette fois, la désillusion est moindre, personne ne s'attendait à voir sortir Royal en tête, mais la déconvenue n'en est pas moins amère, presque plus douloureuse encore qu'en 2008. Le score est si faible que l'ex-candidate à la présidentielle qui se voyait dans le duel final n'est même plus sur le podium. Dans son entourage, personne n'a anticipé un tel échec. Tous ont cru qu'il y avait une chance de battre les sondages. Après tout, rares sont les personnalités de la politique française capables de provoquer une émeute sur n'importe quelle place de village de France ou dans n'importe quelle banlieue. « *Les meetings étaient pleins,* se souvient Dominique Bertinotti, *mais on a sans doute sous-estimé la nouveauté du processus de la primaire*[1]. » Sans doute aussi Arnaud Montebourg, chantre de la démondialisation et de la mise sous tutelle des banques, a-t-il siphonné une partie des voix de Ségolène Royal. Mais cela n'explique pas tout. Le ressort de 2007 s'est brisé, fracassé sur une réalité qui saute ce soir au visage du dernier carré ségoléniste : les Français ne veulent plus de cette femme imprévisible et iconoclaste. Les sondages ont pesé aussi. L'électorat de gauche veut l'assurance de la victoire et place en tête Hollande et Aubry, tous les deux donnés nettement gagnants face à Sarkozy.

Les premières estimations créditent Royal d'un score de 7 % : 184 000 voix, elle qui répétait à l'envi qu'elle en pesait 17 millions en 2007. L'humiliation est totale, elle est nettement devancée par Arnaud Montebourg qui sort à plus de 17 % des voix. Stoppée net en plein rêve. « *J'arriverai en tête,* confiait-elle à l'un des auteurs quelques mois plus tôt. *Hollande est mauvais sur le fond, les sujets de société, le nucléaire. Aubry ? elle n'en a pas envie, elle me l'a avoué ! Lorsque nous nous sommes vues, je lui ai demandé : "Martine, dans quelles conditions serais-tu candidate ?" Elle m'a répondu : "Je n'en ai pas envie, je ne me lève pas tous les matins en y pensant. J'irai par devoir*[2]*."* » Contre les sondages, contre l'appareil du parti, Royal croyait en son heure. « *En 2008, au congrès de Reims, ils étaient tous ligués contre moi, cette fois ils vont à la primaire en*

1. Entretien avec l'un des auteurs, le 2 novembre 2011.
2. Propos recueillis par l'un des auteurs, le 31 mai 2011.

ordre dispersé, je vais les battre », répétait-elle au printemps. L'ex-candidate à la présidentielle n'a plus la vista qui lui avait fait frôler l'Élysée. La chute est brutale. Bravache devant ses troupes en ce soir de défaite, elle donne le change : « *J'espère au moins que je serai devant Manuel Valls* », ironise-t-elle. Elle encaisse mais vacille, réconfortée par Thomas, Clémence, Flora et Julien, ses quatre enfants venus tour à tour la soutenir ce soir-là. Ses proches l'encouragent à s'exprimer tôt. À reconnaître vite sa défaite pour ne pas la subir. Elle hésite et envoie Jean-Louis Bianco vers 21 heures devant les caméras pour se donner du temps. Dans un salon de la Maison des polytechniciens, à l'abri des regards, Royal pleure. Elle n'interviendra que plus tard et finira par craquer devant les caméras, sous la pression et le harcèlement des journalistes. Elle qui aimait tant la lumière, rayonnante sous la pluie au congrès de Reims en 2008 telle une star de la Croisette, repart dans la nuit parisienne en 2011. En larmes. « *C'est dur, parce que c'est beaucoup de choses données, et beaucoup de déception, pour tous ceux qui m'ont soutenue... C'est très dur. Mais je me remettrai parce que je suis forte.* »

Ségolène Royal, le regard perdu, la voix brisée par l'émotion, voit son destin se fracasser sous ses yeux. « *Je comprends à cet instant que je ne serai jamais présidente de la République. C'est extrêmement douloureux, parce que c'était mon seul but depuis le jour où j'ai introduit un pied dans la porte de l'Élysée*[1]. » Le sentiment d'avoir été barrée par son parti est encore très fort

1. Entretien avec les auteurs, le 23 janvier 2012.

pour celle qui, à 29 ans, en devenant conseillère auprès de François Mitterrand, se voyait un jour lui succéder. Dans son esprit, elle était la candidate « *naturelle* » des socialistes. Forte de ses « *17 millions de voix* » en 2007, 2012 lui tendait les bras. « *Ça n'est pas du tout par maladie de la persécution, mais je pense qu'un homme n'aurait pas été traité ainsi. Un homme aurait eu le droit d'être de nouveau candidat à la présidentielle après avoir été si proche du but à sa première tentative*[1]. » La page se tourne en quelques minutes, les grilles de l'Élysée se referment.

Et, déjà, l'ex-candidate doit affronter un autre supplice : maintenant il va falloir choisir. Décider qui elle propulse en finale face à Nicolas Sarkozy. Hollande ou Aubry ? Son ex-compagnon infidèle ou sa rivale de Reims ? Le père de ses quatre enfants ou une femme qu'elle n'a guère envie de connaître ? Celui qui l'a, selon elle, flinguée en 2007 ? Ou celle qui lui a volé sa victoire et son destin présidentiel un soir de novembre 2008 ? De surcroît, Martine Aubry incarne ce que Royal rejette en politique. Six mois à peine après le congrès de Reims, elle confiait à l'un des auteurs : « *Cette femme, elle a tout eu sur un plateau d'argent ! Ça aide d'être la fille de Jacques Delors, nommée ministre sans même avoir été élue. Elle veut faire populeuse, ouvrière, mais en réalité elle est de l'establishment et c'est la copine d'Alain Minc. C'est une imposture (…), moi j'ai tout été chercher avec les dents*[2]. » A priori, l'alliance entre les deux rivales semble impossible.

1. *Ibid.*
2. Entretien avec l'un des auteurs, le 9 mars 2009.

Mais ce 9 octobre, au soir d'une primaire perdue, c'est la haine de François Hollande qui semble l'emporter. « *Elle a été tentée de lui en mettre une en appelant à voter Aubry* », décrypte Julien Dray, l'un des anciens amis du couple. « *Le dimanche soir, elle est au fond du trou. Le sentiment naturel de n'importe lequel d'entre nous serait de dire : "Mon pote, tu ne m'as pas soutenue en 2007, voilà où j'en suis maintenant, eh bien, ce n'est pas toi qui vas y aller en 2012*[1] *!"* » Ségolène Royal, aujourd'hui encore, fait de son ancien compagnon l'un des principaux responsables de la campagne ratée de 2007. « *Il a tout fait pour que je ne sois pas élue ! Un exemple ? Le 14 janvier 2007, date du grand meeting de Nicolas Sarkozy porte de Versailles. J'avais lancé l'idée de faire une grande réunion populaire au même moment. C'est lui qui refuse l'idée du contre-meeting, et du coup Sarkozy marque un point fort.* » En fait de contre-meeting, les journaux télévisés de 20 heures diffuseront l'image de Ségolène Royal visitant une exploitation agricole de la Vienne et posant pour les caméras avec une brebis dans les bras. Image décalée et naïve qui suscite les commentaires ironiques de la droite. « *Plus globalement, je pensais aussi qu'il allait mettre le parti derrière moi, tout naturellement. Mais il ne l'a pas fait, peut-être parce qu'il pensait déjà aux échéances futures*[2]*...* » On comprend, en écoutant l'ancienne candidate à la présidentielle, qu'appeler à voter Hollande revient à soutenir l'un de ceux qui ont causé son plus grand

1. Entretien avec les auteurs, le 26 octobre 2011.
2. Entretien avec les auteurs, le 23 janvier 2012.

malheur en politique. À l'image d'un Jospin qui n'a toujours pas digéré son élimination en 2002, sans se remettre réellement en question, Royal n'a pas encore digéré son échec : *« J'aurais dû gagner en 2007. Si j'avais eu le parti derrière moi, je serais passée. 17 millions de voix, toute seule, vous vous rendez compte ? »*

Maison des polytechniciens, acte 2. Le lendemain du premier tour de la primaire, les amis de Ségolène Royal ont laissé la place à François Hollande et à ses proches dans les salons Second Empire de la rue de Poitiers. Le candidat est entouré de sa garde rapprochée. Hollande est arrivé en tête la veille, mais paradoxalement lui et ses proches ont la gueule de bois. Les mines sont soucieuses, les regards inquiets. L'écart avec Martine Aubry est moins grand que prévu et l'attitude des battus du premier tour sera décisive. Surtout celle de Ségolène. Elle ne pèse que 7 %, mais tous les regards sont tournés vers elle. Qu'elle appelle à voter pour la maire de Lille, et la dynamique du second tour en sera irréversiblement modifiée en faveur d'Aubry. Ce lundi midi, Hollande arrive seul à la Maison des polytechniciens. « Valérie » n'a pas fait le déplacement, et c'est une bonne nouvelle. La journaliste de *Paris Match*, qui partage désormais la vie du député de Corrèze, reconnaît à cette époque qu'elle cherche encore sa place. Sa rivalité avec Ségolène Royal est toujours présente, témoignent plusieurs proches de Hollande. L'un d'eux explique qu'*« elle a des rapports compliqués avec ceux qui sont trop marqués par l'époque*

Ségolène, à l'image de Julien Dray (l'un des hommes clés de la campagne de 2007) ».

Valérie Trierweiler absente, on va pouvoir aborder le sujet délicat librement et en toute tranquillité. « *François, qu'est-ce que tu comptes faire avec Ségolène ?* » Réponse de Hollande, qui ne rassure personne autour de la table : « *Je l'ai appelée, mais elle refuse de me prendre au téléphone.* » « *La vérité de cette semaine-là, c'est qu'il y a un enjeu personnel considérable,* confie Vincent Peillon au lendemain de la primaire. *François est pris dans un faisceau de choses, qui touchent à tout ce qui l'a blessé ces dernières années. Il est pris entre Valérie et un hypothétique retour de Ségolène, la nécessité de parler avec elle, de la voir*[1]. » La voir. C'est la seule solution. Et il faut se dépêcher.

Dans ses bureaux de Montparnasse, Ségolène Royal reçoit Martine Aubry à 15 heures. La maire de Lille fait tout ce qu'elle peut pour obtenir le soutien de son ancienne rivale. Elle lui propose des postes, une campagne d'entre-deux tours main dans la main. Royal semble séduite. Deux heures plus tard, elle reçoit un dernier visiteur, François Hollande, qui, lui aussi, sort le grand jeu. Comme Martine Aubry, il lui promet la présidence de l'Assemblée en cas de victoire. Il repart comme il était arrivé. Sans aucune certitude. À cet instant, Ségolène Royal assure qu'elle n'a encore rien décidé.

Ce lundi soir, la présidente de Poitou-Charentes se dépêche de rejoindre son appartement de Boulogne-Billancourt. Pour l'aider à trancher, elle a invité ses

1. Entretien avec les auteurs, le 17 octobre 2011.

quatre enfants à dîner. Quatre enfants qui voient dans le même temps leur mère à terre et leur père en position de force. Mais tous savent qu'un seul geste de la première peut empêcher le second d'atteindre son rêve. Thomas, Julien, Clémence et Flora arrivent pour ce dîner de famille au menu particulier.

Faut-il soutenir Hollande ou Aubry ? Ségolène Royal commence par poser l'enjeu de la discussion : « *Je vais devoir faire un choix. Je voudrais vous dire que ce sera un choix politique. Quoi que je fasse, il ne faudra pas le prendre personnellement. Mais je voudrais savoir ce que vous en pensez…* » Thomas, l'aîné, le plus politique de la fratrie, est le premier à donner son avis : « *Tu fais ce que tu veux, mais moi aussi je vais faire une analyse politique. Je pense qu'il faut absolument faire gagner la gauche. Et le seul à pouvoir le faire, c'est François.* » Ses frère et sœurs s'expriment les uns après les autres. Un débat presque ordinaire s'engage alors, comme si leur père n'était pas l'un des deux protagonistes. Personne ne porte Aubry dans son cœur, mais peut-être faut-il soutenir une femme ? On se demande aussi si la cohérence politique ne serait pas une alliance Aubry-Royal-Montebourg. Les trois candidats ont exprimé une radicalité assez forte lors de la primaire. Pourquoi ne pas donner un coup de barre à gauche ? « *Personnellement, chacun avait plus envie que ce soit mon père, mais on a eu une discussion politique* », confie Thomas Hollande. A posteriori, le jeune avocat décrypte l'état d'esprit de sa mère ce soir-là. « *Je pense qu'elle a vraiment fait un choix politique. Elle était convaincue que Martine Aubry perdrait contre Sarkozy. Mes parents ont quand même vécu Delors. Et Martine*

Aubry a eu les mêmes hésitations que lui, n'assumant jamais vouloir être candidate. La vision politique de ma mère, c'est qu'il faut en vouloir vraiment pour gagner. Elle trouvait que la campagne de Martine Aubry avait été mauvaise, mais ce soir-là, ce n'était pas du tout une évidence qu'elle se rallie à lui[1]. » Les enfants quittent le domicile familial sans savoir ce que leur mère va décider.

Royal hésite, incapable d'arrêter une position ferme… Ce sont les quelques troupes qu'il lui reste qui vont faire la différence. Le mardi 11 octobre, quarante-huit heures après la claque du premier tour, la politique reprend le dessus. Ségolène Royal, attablée au restaurant La Rotonde, à Montparnasse, interroge ses fidèles, son conseil politique. Quelle stratégie pour le second tour ? Elle est remontée en selle. Le patron du restaurant avait mis du champagne au frais pour fêter sa qualification. « *Est-ce qu'on doit le sortir quand même ?* » demande-t-il timidement. « *Bien sûr qu'on va le boire !* » répond la battue de l'avant-veille dans un éclat de rire. Les visages crispés des convives se détendent. Les rires fusent. Royal est de retour.

Mais l'ambiance se tend à nouveau lorsque la question du ralliement à l'un ou à l'autre des finalistes revient sur la table. À cet instant, la candidate de 2007 est toujours braquée : impossible pour elle d'appeler à soutenir son ancien compagnon. Le problème, c'est qu'elle se retrouve très vite seule, enfermée dans son opposition plus affective que politique à François Hollande. « *L'explication de gravure a été assez terrible* », confiera plus tard l'un des participants.

1. Entretien avec les auteurs, le 21 mars 2012.

Tous ou presque sont en effet favorables à Hollande. Delphine Batho, jeune députée des Deux-Sèvres, Guillaume Garot, le député-maire de Laval, Najat Vallaud-Belkacem, Jean-Louis Bianco et Bernard Lesterlin, député de l'Allier, sont sur cette ligne. Une seule voix dissonante se fait entendre, celle de Dominique Bertinotti. La maire du 4e arrondissement de Paris penche pour Aubry. Un choix tactique très personnel en vue des élections municipales de 2014, Bertrand Delanoë et Anne Hidalgo figurant en première ligne dans l'équipe de Martine Aubry. Ces six-là, quasi inconnus du grand public, forment le dernier bataillon de fidèles autour de Royal. Et, cette fois, ils ne sont pas prêts à la suivre sans débattre. L'atmosphère est lourde, Ségolène Royal maintient sa position : elle ne peut pas appeler à voter Hollande. Ses lieutenants, prêts hier à mourir pour elle, lui expliquent pour la première fois qu'ils ne pourront pas la suivre chez Aubry et qu'ils se désolidariseront de son choix. Royal quitte le restaurant sans avoir tranché. Mais cette femme politique qui a bâti sa réputation et son image sur son intransigeance, sur sa capacité à ne jamais écouter ceux qui tentent de la contraindre, ressort ébranlée de ce déjeuner.

Les dernières remontées de la base soulignent encore un peu plus l'isolement de Ségolène Royal. Kamel Chibli, secrétaire général de Désirs d'avenir, fidèle parmi les fidèles, est prêt lui aussi à lâcher sa candidate. « *Si Ségo appelle à voter Aubry, les deux tiers de ses troupes ne la suivront pas,* confie-t-il le mercredi 12 octobre en fin de matinée. *Après sa rencontre avec Aubry, elle était partie pour voter pour elle, mais ça a évolué.* » Comme tous les royalistes de la première heure, Kamel Chibli est amer et regarde dans le rétroviseur. « *C'est fou comme le destin peut basculer d'un côté ou de l'autre. Si on gagne Reims, Ségolène est candidate, et on gagne la présidentielle. Si on en est là, c'est à cause de Reims, à cause d'Aubry. Franchement, y a quand même plus d'enfoirés d'un côté que de l'autre.* » Les « *enfoirés* » dont parle Kamel Chibli, ce sont « *les Fabius, les Cambadélis...* ». Autrement dit, les proches de Martine Aubry. Ceux qui sont suspectés d'avoir organisé la « gruge » pour forcer l'élection de leur candidate à la tête du parti. Rejoindre Aubry, c'est les rejoindre eux. C'est s'installer chaque semaine à la table de l'équipe de campagne à côté d'eux. Les écouter, les respecter. Pour les ségolénistes historiques, c'est mission impossible. Une Aubry triomphante au soir du 16 octobre, un Fabius en parade sur les plateaux télés, un Cambadélis ou un François Lamy au sommet de leur art de la manœuvre, chacune de ces idées leur est intolérable. Mieux, les primaires sont l'ultime occasion de se venger, pas question de la laisser passer. La base sera exaucée, à la mi-journée. Dans un communiqué laconique à l'AFP, Ségolène Royal rend sa décision : « *Je soutiens François Hollande, notamment pour amplifier le résultat du premier tour.* »

Certes, la pression de sa garde rapprochée et de ses fantassins a pesé dans ce revirement. Mais il y a aussi la volonté politique d'amplifier le score du candidat arrivé en tête au premier tour pour enclencher une dynamique, même si cela n'allait pas forcément de soi. *« J'aurais très bien pu justifier le choix de soutenir une femme, ou laisser mes électeurs libres, mais je ne voulais pas d'un score étriqué »*, analyse Ségolène Royal. Il y a enfin l'équation personnelle d'une ex-femme qui doit se prononcer sous le regard des quatre enfants qu'elle a eus avec François Hollande. Cela explique aussi son choix. C'est en tout cas la conviction de Jean-Louis Bianco, l'un de ses plus fidèles soutiens. « *Le vol du congrès de Reims par Martine Aubry a joué, c'est certain,* confie-t-il, *mais il y a aussi la relation personnelle à François Hollande, c'est une évidence.* »

Trois mois plus tard, dans ses bureaux parisiens, Ségolène Royal accepte de revenir sur les ressorts affectifs de son choix. À la question : *« Est-ce qu'il vous semblait naturel de soutenir celui avec qui vous avez partagé votre vie pendant vingt-cinq ans ? »*, la réponse claque : *« Non ! Au contraire ! J'aurais pu me venger ! J'ai partagé vingt-cinq ans de ma vie avec lui, mais ça ne s'est pas terminé comme je l'aurais voulu. Donc j'aurais très bien pu me dire : "Vu tout ce qu'il m'a fait..." »* Et lorsqu'on lui demande si, en revanche, les enfants ont pesé dans sa décision, une fois encore, sa réaction est d'abord ciblée sur le comportement de son ex-compagnon : *« Lui, s'est-il posé la question des enfants ?! Vous croyez que ça ne les a pas choqués de voir leur père contre moi au congrès de Reims ? Moi je me suis interrogée, et je me suis dit que ce serait plus apaisant pour eux si je soutenais leur père*[1]. » Comment ne pas soutenir le père de ses quatre enfants ? Comment justifier

1. Entretien avec les auteurs, le 23 janvier 2012.

aux yeux de Thomas, Clémence, Julien et Flora un soutien à Martine Aubry contre leur père ? Quatre enfants qui seront restés discrets tout au long de la primaire, pour ne pas donner le sentiment de choisir entre leurs parents. En tout début de campagne, Thomas, l'aîné, le plus engagé politiquement, décide d'aider son père à organiser sa campagne internet. Il donne un coup de main discret, mais l'information fuite. « *Fais attention à toi, fais attention aux journalistes* », lui dit François Hollande. Thomas disparaîtra pendant le reste de la primaire, jusqu'au jeudi 6 octobre. À trois jours du premier tour, c'est le dernier meeting de campagne de sa mère. Sur la scène du Bataclan, les journalistes voient apparaître le fils aîné au bras de Ségolène Royal. Un coup dur pour Hollande ? Le Corrézien ne sait pas encore que son ex-compagne subira une humiliation vingt-quatre heures plus tard, mais il est déjà dans la compassion. « *C'est bien que Thomas ait des gestes affectueux avec Ségolène. Peut-être qu'il votera pour sa mère ? Peut-être qu'il votera pour son père ? J'ai mon idée là-dessus. Mais en tant qu'enfant, dans l'épreuve, il faut toujours aller vers celui qui est en difficulté*[1]. »

Officialisé quelques heures avant l'ultime débat entre François Hollande et Martine Aubry, le ralliement de Ségolène Royal porte un coup fatal à la première secrétaire. Le lendemain, sur le plateau du 20 heures de France 2, c'est une Royal déterminée

1. Entretien avec l'un des auteurs, le 8 octobre 2011.

et apaisée qui vient expliquer son choix. Un exercice bluffant de sincérité. Comme si elle avait, en un instant, effacé l'ardoise de tous les reproches accumulés depuis de longues années à l'encontre de son ex-compagnon. Les mots sonnent juste, les formules font mouche, notamment lorsqu'elle évoque le couple qu'elle a formé avec François Hollande, mêlant amour et intérêts politiques : « *Je ne peux pas renier ma vie avec lui. Avouez d'ailleurs que le bilan de ce couple n'est pas si mauvais que ça, avec quatre enfants et deux candidats à l'élection présidentielle !* » Avant de mettre en avant un choix guidé par « *l'intelligence politique et l'esprit de rassemblement* ». Devant son poste, un téléspectateur d'un genre particulier boit les paroles de celle qu'il a soutenue en 2007. Thomas Hollande comprend deux choses à cet instant précis : son père a gagné la primaire et la politique ne provoquera pas un séisme familial supplémentaire. « *Elle a réussi à faire quelque chose de ses 7 % ! En tant que fils, j'ai été à plusieurs reprises subjugué par mon père ou par ma mère. Ce soir-là en fait partie*[1]. »

Royal votera donc Hollande. Sait-elle que trois ans plus tôt, quand il a fallu faire un choix entre Aubry et Royal au second tour du congrès de Reims, François Hollande a sans hésiter glissé un bulletin Royal dans l'urne et demandé à ses amis d'en faire autant ? Delanoë, qui l'avait rejoint, avait pourtant choisi publiquement Aubry. « *On a tous voté Ségolène en 2008,* confie aujourd'hui Dominique Villemot, l'un des plus proches amis de Hollande, *et François*

1. Entretien avec les auteurs, le 21 mars 2012.

aussi ! Comment vous croyez que Ségolène est passée de 30 à 50 % ? Grâce à tous les hollandais de la motion Delanoë[1] *!* »

Le soutien de Royal a été décisif, veut croire Jean-Louis Bianco. « *Les gens se sont sentis coupables de l'avoir mise aussi bas au premier tour, ils ont corrigé leur injustice en votant massivement Hollande.* » Et pour la suite ? Impossible de se passer d'elle. Une fois encore, Jean-Louis Bianco, sans doute celui qui la connaît le mieux et depuis le plus longtemps dans son entourage, livre son analyse. « *Ses larmes au soir du premier tour ont effacé beaucoup de ses défauts. Son personnage a été en un instant réévalué. Sa vie politique ne s'arrête pas là.* »

1. Entretien avec les auteurs, le 20 octobre 2011.

12

Le sacrifice des premiers chrétiens

C'est l'une de ses obsessions depuis sa désignation. Surtout, ne pas remettre les mains dans le cambouis. Ne pas replonger. Comme un alcoolique devant sa bouteille de whisky. Oublier Solférino, ses luttes intestines, ses coups de Trafalgar ! Le candidat n'est plus premier secrétaire et il faut que ça se voie. Son entourage lui répète en permanence que sa mue présidentielle passe par un éloignement du parti et Hollande semble l'avoir bien compris. Peut-être même trop bien. Certains des fidèles de la première heure vont en faire les frais, à commencer par son chef de cabinet, l'omniprésent Faouzi Lamdaoui. La scène se déroule le mardi 29 novembre 2011. C'est au cours de ce bureau national que les proches du futur président vont se faire malmener par la direction du parti.

Pour comprendre cette séquence, il faut d'abord s'arrêter sur l'histoire et la personnalité de la victime du jour. Faouzi Lamdaoui est né à Constantine en novembre 1962, dans une Algérie fraîchement indépendante. Petit-fils de l'ancien procureur général d'Alger, il est ingénieur-logisticien. Arrivé en France à l'âge de 20 ans, il s'engage au PS très jeune, avant de devenir secrétaire national à l'époque où François Hollande dirige la maison. La rumeur, volontiers propagée par ses détracteurs, en fait un agent double au service du gouvernement algérien. Des accusations vigoureusement démenties par l'intéressé.

La réalité de ces trois dernières années est en tout cas incontestable : Faouzi Lamdaoui a été un compagnon de route fidèle et attentionné lors de la traversée du désert de son mentor. Pour « son » candidat, il est prêt à tout. Quand Hollande quitte son poste de premier secrétaire et doit se passer des services de son chauffeur, Lamdaoui se propose. Il passe le chercher à l'aube, le ramène tard le soir, prend ses billets de train et réserve ses hôtels. Quand il faut moderniser le look du député de Corrèze, c'est encore lui qui s'en charge. Au lendemain du congrès de Reims, Hollande décide de faire peau neuve. Il faut faire oublier le premier secrétaire, certes drôle et sympathique, mais aussi trop rond et mal attiffé pour être crédible. Lors de cet hiver 2008-2009 déprimant, Stéphane Le Foll, l'ancien directeur de cabinet de Hollande à Solférino, demande à Lamdaoui de se charger du relooking. C'est lui qui jette les costards Celio mal taillés pour les remplacer par du demi-mesure. Faouzi Lamdaoui traîne son patron chez l'une de ses vieilles connaissances : un tailleur d'origine turque rencontré à Ménilmontant et qui a ouvert une boutique avenue de Wagram, dans le 17e arrondissement.

« *On a pris le temps de choisir les coupes qui lui allaient, les couleurs... Avec la charge du parti en moins, on a pu se balader, flâner, prendre le temps de choisir les cravates*[1] », confie le Constantinois. Pour la coupe de cheveux, Lamdaoui fait appel à un coiffeur qu'il connaît bien. Un certain Christophe, qui apporte ses peignes et ciseaux dans le bureau de Hollande à l'Assemblée. Enfin, Stéphane Le Foll veut casser le visage rond de son poulain. Là encore, c'est Lamdaoui qui s'y colle. Il apporte différentes montures de lunettes pour trouver celle qui dessinera le visage du « Hollande nouveau ». Voilà qui est ce quinquagénaire convivial, surnommé « *le majordome* » par *Le Parisien*, ou « *l'âme damnée* » par *L'Express*. « *Peut-être que François n'en serait pas là si Faouzi lui-même n'avait pas été là,* analyse François Rebsamen, sénateur-maire de Dijon. *Mais les mecs qui n'étaient pas avec Hollande à cette époque-là ne peuvent pas comprendre ça*[2]... » Depuis trois ans, une fidélité à toute épreuve. En retour, Lamdaoui ne réclame pas grand-chose. Juste une circonscription : la neuvième des Français de l'étranger, qui regroupe seize pays africains dont son Algérie natale. Mais François Hollande va le laisser, lui et d'autres fidèles de la première heure, se faire torpiller. Sans réagir.

Retour au bureau national du mardi 29 novembre 2011. Ce soir-là, l'ordre du jour est presque entièrement consacré aux investitures pour les législatives

1. Entretien avec l'un des auteurs, le 8 octobre 2011.
2. Entretien avec les auteurs, le 30 novembre 2011.

de juin. Dans plusieurs circonscriptions, les membres du bureau national vont devoir arbitrer entre des socialistes intéressés par la même terre électorale. C'est le cas dans la neuvième circonscription des Français de l'étranger. Elle a été créée de toutes pièces par la réforme constitutionnelle de 2008. Deux hommes se battent pour le même siège : Faouzi Lamdaoui et Pouria Amirshahi, proche de Benoît Hamon et secrétaire national à la coopération, à la francophonie et aux droits de l'homme, sous la direction de Martine Aubry. La première secrétaire ne ménage pas ses efforts pour diviser les proches du nouveau candidat. Elle reçoit Vincent Peillon juste avant le bureau national et lui promet la sécurité totale pour ses troupes. En échange, Peillon et ses hommes voteront l'accord global proposé par la première secrétaire. En arrivant, les protégés de François Hollande ont donc toutes les chances de se faire balayer.

Dans ces conditions, le bureau national est tendu. Les amis du candidat à la présidentielle se succèdent pour dénoncer des désignations partisanes. « *Martine, tu t'es déjà suffisamment sucrée !* », attaque Bruno Le Roux. « *On n'est pas dupes, Martine, on sait très bien ce que tu fais, on sait très bien pourquoi tu refuses certains noms, et ce n'est pas très digne,* poursuit Manuel Valls, exaspéré. *Mais nous, nous sommes avec un candidat, on ne va pas passer deux heures là-dessus. Donc on va le voter, ton accord, car il faut se tourner vers la suite.* » François Rebsamen achève cette saillie anti-Aubry : « *Chacun fera comme il veut, mais à titre personnel, je voterai contre cet accord. Tu vois, Martine, moi, ce soir, je peux me regarder dans la glace !* » Des attaques pour l'honneur, mais qui ne sauveront pas le soldat Lamdaoui. Un proche de la première secrétaire confirme qu'elle a voulu envoyer un avertissement au candidat. « *Martine a pesé de tout son poids pour barrer Lamdaoui. Elle en a fait une affaire personnelle, c'était une façon de dire à Hollande qu'elle avait toujours du pouvoir, même si elle avait perdu la primaire.* »

Le malheureux n'est pas le seul à faire les frais de ce règlement de comptes. Olivier Faure, ancien directeur adjoint de Hollande, présent à ses côtés depuis plus de dix ans, est lui aussi écarté de la circonscription de Seine-et-Marne qu'il laboure depuis des années. Les Verts exigent la place pour l'un des leurs, Jean-Marc Brûlé. Cette fois, Martine Aubry a des états d'âme. Elle a travaillé longtemps avec Olivier Faure. Elle l'estime. Mais la politique a ses lois. La première secrétaire doit passer à la caisse avec les Verts qui l'ont toujours soutenue. Quelques jours avant le bureau national, elle avertit Hollande du sacrifice, mais promet de trouver un point de chute ailleurs, en Île-de-France. Faure ne décolère pas. « *Je serai dissident ! Il n'est pas question que je sois parachuté dans une circonscription, alors que je travaille la mienne depuis si longtemps !* »

Le candidat désigné par plus d'un million et demi de sympathisants cède donc devant une première secrétaire élue dans le flou par seulement 60 000 militants socialistes. Nicolas Sarkozy ne rate pas l'occasion et enfonce le clou : « *Un homme qui ne réussit même pas à faire investir son chef de cabinet ne peut pas diriger la France !* » L'épisode est très mal vécu par l'équipe du candidat. « *Il a commis une erreur,* juge la députée Marisol Touraine. *Quand on est un chef de guerre, on défend ses soldats et naturellement il a offert un angle d'attaque à la droite qui s'en est immédiatement servi*[1]. » Dans la ligne élyséenne, Christian Jacob, le patron de l'UMP à l'Assemblée nationale, ironise sur « *l'inaptitude au commandement* » du candidat. Hollande, lui, assume. Il a en mémoire la campagne perdue de 2007, lorsque Royal dut traîner le poids mort d'un parti qui ne la soutenait pas. « *Le raisonnement de François est assez simple,* confie un dirigeant socialiste. *Il s'est dit : elle peut m'emmerder tout le temps de la campagne sans en avoir l'air, c'est un risque que je ne veux pas prendre.* » Il avait d'ailleurs prévenu ses troupes.

Quelques jours après son investiture, Hollande met les choses au clair avec son entourage : « *Je suis candidat à la présidentielle, je ne m'occupe plus de ces histoires ! Si vous voulez faire passer des choses, vous vous débrouillez pour être majoritaires. Je préférerais que ce soit Faouzi le candidat, mais ce n'est plus mon problème.* » En clair, le candidat socialiste ne veut pas prendre le risque d'un clash avec Martine Aubry. « *François fait ses calculs dès la première seconde,* confie Jean-Christophe Cambadélis, grand connaisseur du parti. *Il voit qu'il est minoritaire. Soit Martine lui dit oui, et dans ce cas-là, Lamdaoui passe. Soit elle lui dit non, et François peut très bien la convoquer et lui dire : règle-moi ce problème, j'en ai besoin. Mais il ne veut pas s'emmerder avec ça*[2]. » « *François pense : faites vos preuves, ce n'est pas à*

1. Entretien avec l'un des auteurs, le 3 janvier 2012.
2. Entretien avec les auteurs, le 23 décembre 2011.

moi de vous porter », analyse de son côté François Rebsamen. Hollande, débarqué dans une Corrèze ultra-chiraquienne à 27 ans, a forcé le respect de ses adversaires. Lui, il s'est battu pour conquérir ce fief hostile. Les autres doivent donc serrer les dents eux aussi. Faouzi Lamdaoui restera sur le carreau, à deux doigts de claquer la porte de la campagne. « *C'est un homme personnellement meurtri,* nous confiait Michel Sapin quinze jours après ce fameux bureau national. *Mais, d'un certain point de vue, François lui en veut de l'avoir mis dans cette situation. Une situation où il ne peut que se prendre des reproches. Soit il était un politicien comme les autres, se battant pour son clan, comme Sarkozy avec son fils à l'Epad... Et là, il en aurait pris plein la gueule ! Soit c'est le reproche actuel : il a lâché un pote*[1]. »

François Hollande, le candidat sympa, bon père de famille, montre ainsi un autre visage dans cette affaire. Celui d'un homme politique individualiste, au sang froid. En 2004, déjà, lors de la constitution des listes aux européennes, le premier secrétaire manque de lâcher son plus proche collaborateur, Stéphane Le Foll. « *Il était prêt à le sacrifier pour mettre un proche de Jean-Marc Ayrault tête de liste à sa place dans la région Nord-Ouest* », nous confie l'un de ses amis. « *François a confiance en tout le monde... et en personne,* résume Jean-Christophe Cambadélis. *Son maître mot, c'est : il faut "utiliser". Il n'a jamais été clanique, il n'a jamais constitué de courant. Il a toujours trouvé que les courants avaient perdu des gens comme*

1. Entretien avec l'un des auteurs, le 14 décembre 2011.

Rocard et Fabius. Tu passes un temps infini à défendre Lamdaoui, mais pour quel résultat ? Si les hommes sont en situation, il suffit d'un coup de pouce, s'ils ne le sont pas, on passe à autre chose. Et un jour, si je peux l'aider, je le ferai. Voilà ce que pense Hollande[1]. » En l'occurrence, si le cas Lamdaoui est tranché pour Hollande, le cas d'Olivier Faure ne l'est pas. Après le coup de sang du bureau national, il pèse de tout son poids pour imposer son poulain. Il décroche son téléphone pour signifier à Duflot que la circonscription de Seine-et-Marne n'entre plus dans l'accord : « *Je ne te demande qu'une seule circonscription. De toute façon, tu fais comme tu veux, mais nous, nous investirons Faure, et vous serez battus !* » Cécile Duflot finit par se coucher. Le soldat Faure est sauvé. L'épilogue atténue quelque peu l'image d'un leader qui sacrifie ses hommes sans état d'âme.

Faouzi Lamdaoui, lâché. Stéphane Le Foll, contraint de s'effacer pour laisser de l'espace à Pierre Moscovici, nouveau directeur de campagne. Ou encore André Vallini, député de l'Isère, qui doit se mettre en retrait pour faire de la place à Manuel Valls, nouveau directeur de la communication du candidat. Tout passe désormais par ce nouveau converti : « *Il nous sermonne si on répond à une interview dans la presse sans l'avoir prévenu,* s'irrite un député ; *le 31 décembre, il m'a envoyé un texto pour me dire qu'il était invité dans une émission le lendemain et que je devais lui fournir des fiches.* » Cette toute-puissance des nouveaux venus est vécue avec amertume par

1. Entretien avec les auteurs, le 23 décembre 2011.

les premiers chrétiens. André Vallini est peut-être l'un de ces sacrifiés les plus emblématiques.

Le compagnon de route de François Hollande n'a rien oublié de la tempête de 2008, lorsqu'il se retrouve dans la lessiveuse médiatique. Vallini est suspecté d'être la prochaine prise de guerre de Nicolas Sarkozy. À l'époque, le député de l'Isère entretient de très bonnes relations avec Edouard Balladur, l'homme qui a l'oreille du Président. Vallini a d'ailleurs accepté d'intégrer son comité sur la réforme des collectivités territoriales. Attablé au prestigieux restaurant Laurent sur les Champs-Élysées, c'est l'ancien Premier ministre qui lui annonce que *L'Express* publie, sur son site, un article titré *« L'ouverture Vallini »*. La journaliste évoque la possible succession de Rachida Dati attribuée à André Vallini. *« Alors, monsieur le ministre, c'est pour quand ? »* lui glisse Edouard Balladur au cours du déjeuner. Vallini est assommé. Il reste silencieux tout le repas, sous le coup d'une colère froide qu'il laisse exploser quelques heures plus tard au téléphone avec l'auteur de l'article. Aujourd'hui encore, il reconnaît qu'*« il aurait pu lui casser la gueule »*. Pourtant, Vallini a bien été approché par Edouard Balladur : *« Le président vous apprécie, il m'a parlé de vous…*, lui lance un jour l'ex-Premier ministre. *Vous verriez qui comme ministre de la Réforme territoriale ? Si vous deviez choisir entre les intérêts de votre parti et servir le pays, quel serait votre chemin ? »* conclut Balladur. L'offre est faite. Elle est sur la table. Vallini n'a qu'un mot à dire et il est assuré d'être ministre. Le député de l'Isère décline. Il affirme n'avoir pas eu l'ombre d'une hésitation. Mais le mal est fait. L'article de *L'Express* l'accable. Suspecté d'avoir voulu aller *« à la soupe »*, Vallini déprime. Parmi ses camarades, les soutiens sont rares. Seul François Hollande l'appelle tous les soirs. *« J'ai confiance en toi, ne t'inquiète pas, ça passera »*, le rassure son mentor. Vallini était un hollandais de raison. Désormais, il sera d'une fidélité à toute épreuve. Présent durant l'après-congrès de Reims, quand ils n'étaient pas nombreux à y croire, il n'oublie pas les critiques et les attaques portées contre son ami.

Du coup, le rassemblement au lendemain de la victoire est dur à avaler. Entre *« la méchanceté »* de Bachelay, la volte-face de Peillon, ou encore les manœuvres de Valls, qui *« est là partout, tout le temps, à se pousser du col, à parler à François à l'oreille… à toujours le coller quand il arrive quelque part…* » La pilule a du mal à passer : *« On serre les dents,* confie Vallini. *On sait qui a dit quoi et qui continuera à dire du mal… François nous demande de tourner la page. On l'accepte. Mais on sait aussi que eux ne le feront pas. Ils ne vont pas devenir fidèles et loyaux du jour au lendemain*[1]. » Comment Hollande pourrait-il l'ignorer, lui qui, onze années durant, a pratiqué avec souplesse l'art de la synthèse, avec le concours de ses plus farouches opposants ?

1. Entretien avec l'un des auteurs, le 9 novembre 2011.

13

Le grand pardon

« *Il ne peut pas y avoir deux équipes en concurrence ! Il faut un rééquilibrage à l'intérieur du parti !* » Julien Dray, longtemps mis au ban du PS sous l'ère Aubry, se lâche. Hollande vient d'emporter la primaire avec plus de 56 % des voix. Ses partisans, enivrés par la victoire, sont pris d'un sentiment de revanche. Comment ne pas les comprendre ? Comment ne pas croire que François Hollande va solder son affrontement avec Martine Aubry ? Depuis trois ans, il est le punching-ball préféré de la première secrétaire.

Au lendemain du congrès de Reims, Hollande à peine parti, ses camarades lui refont le portrait dès que l'occasion se présente. Claude Bartolone, député et ancien ami du couple Royal-Hollande, ne dit pas autre chose lorsqu'il revient sur le bilan de l'ancien premier secrétaire au début de l'année 2009 : « *C'est un tel gâchis ! En douze ans, il s'est fait plus d'ennemis que d'amis. Il n'est même pas le recours du recours. C'est juste "Je veux exister, et on verra"*[1]. » François Hollande

1. Propos recueillis par les auteurs, le 5 février 2009.

le contre-exemple, le repoussoir : Martine Aubry, pour se faire élire à la tête du PS, fait campagne sur la rupture. *« Il faut remettre ce parti au travail »*, répète-t-elle à longueur de meetings. Et une fois élue, elle continuera de s'en prendre à son prédécesseur : *« J'ai trouvé un parti qui ressemblait à un cadavre à la renverse, j'ai dû moi-même m'occuper de faire réparer les toilettes »*, raconte-t-elle souvent aux journalistes pour illustrer le piteux héritage que lui a laissé Hollande. *« François n'a jamais travaillé, il ne fout rien »*, répète Martine Aubry, qui revendique d'avoir *« remis le PS en ordre de marche »*. Harlem Désir, qui connaît bien les deux personnages, évoque *« une haine irrationnelle »*. Marylise Lebranchu, députée du Morbihan et vieille copine de Martine, se souvient que, lors de la défaite de Ségolène Royal en 2007, Aubry avait estimé que c'était d'abord la faute du premier secrétaire. *« Je comprends que Ségolène ait improvisé, de toute façon il n'y avait pas de projet ! »* avait ironisé la maire de Lille, en oubliant au passage qu'elle était elle-même chargée... du projet socialiste. *« Martine reproche à François de n'avoir pas suffisamment réagi au lendemain du 21 avril 2002. Elle estime que la gauche meurtrie aurait dû renouer avec les intellectuels, les syndicalistes, bouillonner ! »* explique Marylise Lebranchu. François Hollande, ou *« l'homme du passif »*, comme le qualifie un proche d'Aubry.

L'hommage rendu, lors de son discours de clôture du congrès de Reims, à son prédécesseur est donc un moment de grande hypocrisie comme seule la politique peut en offrir : *« Je voudrais dire un mot en particulier à François. (...) Je voulais simplement te dire que je pense à toi...* » Hollande n'est pas dupe : *« Elle n'a jamais été loyale ! Elle n'a jamais travaillé lorsqu'elle était secrétaire nationale ! Il lui manque ce qu'elle pense avoir le plus : le fond ! Elle n'en a pas, ses discours sont décousus, vides, destructurés !* » Jugement lapidaire qu'il se garde bien d'assener publiquement, mais qu'il confia aux auteurs le 10 décembre 2008, à la fin d'un déjeuner.

Tout au long du règne d'Aubry, Hollande a tenu le rôle d'une sorte de souffre-douleur, cible d'entraînement pour amateurs de bons mots, tel Guillaume Bachelay, jeune protégé de Laurent Fabius adopté par Aubry pour muscler ses discours. Florilège : le désormais célèbre *« La présidentielle, Hollande y pense en nous rasant »,* qui lui valut un prix de l'humour politique décerné par le Press Club en 2009, *« Guimauve le conquérant »,* ou encore, moins enlevé mais plus blessant, il sera le théoricien de *« la gauche molle »* et le *« candidat du système »* lors de la primaire du PS.

Moqué, méprisé, la force de « Flanby » alias « Fraise des bois », « Monsieur petites blagues » ou encore « Opposition caoutchouc », c'est de ne pas répondre, voire d'oublier, quand ses proches le pressent de riposter. Parmi les têtes que ses amis veulent voir tomber à l'heure du retour en grâce, celle de Guillaume Bachelay est quasiment déjà sur le billot. *« Bachelay ? Ce sera compliqué de le garder, il y est allé trop fort »,* tranche un autre lieutenant du candidat. François Hollande n'abaissera pas le pouce pour la mise à mort. Au contraire, il prend soin d'intégrer son plus cruel contempteur dans l'organigramme de campagne. Ses bons mots, Guillaume Bachelay est sommé de les utiliser contre Nicolas Sarkozy dans une campagne présidentielle où il sera en charge de la cellule riposte.

Mais plus que tout, François Hollande n'envisage pas de contester à Martine Aubry son choix de demeurer à la tête du parti malgré la défaite. Il n'oublie rien des mots et des attaques, mais il se garde bien de tout esprit de vengeance qui porte en lui la graine de la défaite. Le futur Président veut rassembler. Tout au long des débats de la primaire, il s'en est toujours tenu à une posture en surplomb, donnant le sentiment de ne jamais descendre dans l'arène pour en découdre. Le piège dans lequel ses proches le pressent de se jeter risquerait de lui être fatal, estime le futur président. En 2006, il avait d'ailleurs jugé sévèrement l'attitude de Ségolène Royal, au soir de sa victoire, lorsqu'elle avait ignoré Fabius et Strauss-Kahn au lieu de leur tendre la main. Le 16 octobre 2011, le candidat désigné ne reproduit pas la même erreur.

Sur le perron de la rue de Solférino, il apparaît dans la lumière des flashs avec Martine Aubry. C'est lui qui saisit la main droite de la première secrétaire pour la lever en signe de victoire. Dans un deuxième temps, tous les candidats les rejoignent, Laurent Fabius est là aussi, la poignée de main avec Hollande n'est pas franchement chaleureuse, mais elle est immortalisée. Le lendemain, le vainqueur enchaine les tête-à-tête. Avec Martine Aubry d'abord : « *"J'ai décidé de faire campagne pour toi, de m'engager pleinement"*, lui dit-elle. *Je l'ai sentie sincère, et elle ne demandait rien* », se souvient Hollande. Oubliées les attaques perfides de la primaire, les outrances sur son bilan à la tête du PS. Laurent Fabius fait savoir au vainqueur qu'il veut le rencontrer. Ce dernier le reçoit dans son bureau de l'Assemblée nationale. Le rapport est imposant, plus de 500 pages. « *Voilà, je t'apporte le travail que j'avais préparé pour Martine et pour le candidat. C'est toi le candidat, je suis à ta disposition* », déclare Fabius en préambule, dans une ambiance plutôt froide. « *Écoute, tu n'as rien fait pour que je sois désigné. Tu avais choisi une autre solution avec DSK...* », rappelle Hollande à son visiteur du jour. Selon le candidat, DSK avait promis à Fabius d'en faire son directeur de campagne. Mais dans ce moment délicat où la victoire enivre parfois celui qui la tient, le futur chef de l'État n'a pas l'intention d'infliger une humiliation à l'ancien Premier ministre. « *Tu as commencé un travail sur la première année du quinquennat, continue, et par ailleurs, si tu le souhaites, tu partiras en mission à l'étranger en mon nom.* » Après des mois à se détester publiquement, les deux hommes scellent une alliance qui ne laisse aucune place aux regrets ou à l'esprit de vengeance. Le candidat constate « *une facilité de rapports avec Fabius comme (il) ne l'avait pas éprouvée depuis longtemps*[1] ». L'envie de gagner la présidentielle, avec l'espoir peut-être d'avoir une place éminente aux affaires, est un puissant moteur pour Fabius. Il monte en première ligne dans la campagne. Lorsque

1. Entretien avec les auteurs, le 17 février 2012.

François Hollande tient un meeting à Rouen, sa ville natale, c'est l'ancien Premier ministre qui l'accueille dans son fief électoral. Les deux hommes sont devenus les meilleurs camarades du monde. Au moment de lui passer la parole à la tribune, Fabius appelle celui qui pourrait devenir *« le nouveau président de la République française, François Hollande ! »*. Ce dernier rend hommage à son hôte pour ses *« paroles amicales »* et promet beaucoup en retour : *« J'ai besoin de Laurent, j'en aurai encore davantage besoin après l'élection présidentielle. »*

Aubry et Fabius devenus les maréchaux les plus dévoués à la cause de Hollande ? Le candidat n'a-t-il aucun orgueil ? Aucune mémoire ? *« Moi j'ai gagné,* explique-t-il. *Et quand on gagne et qu'on veut remporter l'étape suivante, il faut n'avoir aucune mémoire. Le passé ne compte plus. Je pourrais laisser Fabius de côté, humilier Aubry, laisser Ségolène vivre sa douleur... mais je veux rassembler. Si je veux devenir président, j'ai besoin d'eux. Ça ne veut pas dire que j'oublie. Je n'efface rien. »* Hollande, un bloc de politique, qui a pris au dépourvu rivaux et concurrents en leur donnant l'accolade, quand ils pouvaient s'attendre à rester sur le bord du chemin. C'est le cas de Bertrand Delanoë, qui a longtemps été en froid avec lui. Le maire de Paris garde un souvenir contrasté du soutien de Hollande lors du congrès de Reims, lorsque, dans la nuit des ultimes tractations, il avait finalement renoncé. *« François m'avait soutenu à sa manière,* raconte Delanoë. *Disons qu'il n'a pas posé d'acte pour que ça ne marche pas, mais il a retenu son enthousiasme. »* Selon lui, Hollande avait déjà 2012 en tête : *« Il devait se dire : si Bertrand l'emporte, c'est un gros client. S'il échoue, les choses restent ouvertes*[1]. »

Pour le maire de Paris, très légitimiste, c'est donc Martine Aubry la candidate naturelle à la présidentielle. Mais Hollande, fidèle à sa ligne de conduite, tente très tôt de se réconcilier avec Bertrand Delanoë. Le 12 septembre 2011 au soir, Hollande tient meeting dans une salle parisienne, le Trianon. À plusieurs reprises, le candidat fait applaudir le nom du maire de Paris. « *Des camarades m'appellent le soir même pour me dire que François a été plus que sympa avec moi,* se souvient Delanoë. *Je suis plutôt surpris et le lendemain je lui téléphone pour lui dire que je suis sensible à son geste. Il me répond : "Mais Bertrand, tu n'avais que des amis hier soir à cette réunion."* » Hollande a visé juste. Déjà, il prépare la suite. Le maire de Paris aura lui aussi droit à son tête-à-tête. « *François m'a dit : "Fais campagne, fais des meetings"* », raconte un Delanoë enthousiaste. Après le meeting du Bourget, il téléphone à son vieil ami Pierre Schapira, adjoint aux affaires internationales à la mairie de Paris. Ce dernier est en déplacement au Proche-Orient. Le maire est galvanisé : « *Écoute, Pierre, je crois qu'on vient de vivre un très grand moment de notre vie militante et peut-être qu'on va bientôt vivre un moment encore plus fort pour toute la gauche !* »

Delanoë, qui le jugeait durement ; Fabius et Aubry, qui le méprisaient il y a peu : les éléphants seraient désormais rassemblés derrière lui, prêts à

1. Entretien avec l'un des auteurs, le 15 février 2012.

se sacrifier pour sa victoire ? Pas si simple. Si Fabius se démultiplie à l'étranger et sur les plateaux télé, Aubry apparaît et disparaît au gré de ses humeurs. « *Avant Le Bourget, on ne la voyait pas trop,* tacle un très proche de Hollande. *Après Le Bourget, elle s'est mise à jouer Matignon.* » Nouveau changement de pied, début mars. Après l'entrée en campagne tonitruante du rouleau compresseur Sarkozy, la maire de Lille disparaît. « *Où est Martine ?* interroge un proche de Hollande lors d'une réunion. *On se demande si elle fait campagne...* » Hollande répond du tac au tac : « *Mais si, elle fait campagne... mais au Maroc ! C'est vrai que Mohammed VI pour l'élection, ça pèse !* » ironise le candidat. Martine Aubry est effectivement partie en voyage de l'autre côté de la Méditerranée. Quatre jours entiers pour une visite qui passera totalement inaperçue, puisque, au même moment, le candidat est en Pologne ! Bref, un déplacement perçu comme un voyage d'agrément par la garde rapprochée de François. Entre Aubry et Hollande, les rapports restent compliqués. « *Si Martine est nommée Premier ministre,* résume un ténor socialiste, *cela risque de tourner au bras de fer permanent entre l'Élysée et Matignon.* » Un scénario qui n'est pourtant pas totalement écarté à quelques semaines de l'élection, dans un contexte de crise où l'expérience gouvernementale d'Aubry reste son meilleur atout.

14

Novembre noir

« *Tout ça, c'est de ta faute ! C'est toi qui m'as mis dans ce bordel, alors règle-moi ça !* » D'un côté du téléphone, Michel Sapin, ministre dans les gouvernements Rocard, Bérégovoy et Jospin. À l'autre bout du fil, François Hollande, qui lui hurle dessus. Nous sommes le mardi 22 novembre et l'homme normal et sympa montre son autre visage. Celui d'un candidat capable de colère froide. Empêtré dans un mois de novembre catastrophique, il est hors de lui. Un mois seulement après la convention d'investiture, Hollande et ses hommes sont déjà dans le brouillard.

Pour eux, ce devait être le temps du rebond après la nécessaire abstinence médiatique post-primaire. Mais en ce mois de novembre, Hollande rate tout ce qu'il entreprend. Quand Nicolas Sarkozy fait interview commune avec Barack Obama pour tenter de sauver la Grèce et le monde au G20 de Cannes, François Hollande fait le tour des stands et inaugure la 30e foire du Livre de Brive-la-Gaillarde en Corrèze. Les esprits les plus caustiques ou les plus inquiets se remémorent immédiatement un certain 14 janvier 2007 : Nicolas Sarkozy triomphe porte de Versailles dans un grand show à l'américaine, quand Ségolène Royal joue la femme proche du peuple en se faisant photographier en Poitou-Charentes une brebis dans les bras. Contrepied total, bide total aussi dans l'opinion. Cinq ans plus tard, Hollande tâtonne. Le spectre de 2007 hante les esprits, rue de Solférino. Flash-back : Royal écrase DSK et Fabius avec près de 60 % au premier tour de la primaire, marche sur l'eau, domine Sarkozy dans les sondages, puis commence à s'effondrer dès sa désignation. Et si Hollande reproduisait les mêmes erreurs ? Et si, malgré son expérience des campagnes électorales, il était lui aussi sur le point de craquer ? Déjà, *L'Express* pose la question en une : *« Est-il un vrai chef ? »*

« La faute » que reproche François Hollande à Michel Sapin et qui lui vaut une engueulade téléphonique se résume à trois lettres : MOX, le nom savant d'un combustible fabriqué à partir d'uranium et de plutonium appauvri. Le MOX est utilisé dans une vingtaine de centrales nucléaires françaises et notamment dans le fameux EPR de Flamanville. Pour Hollande et Sapin, les problèmes ont commencé un soir de bureau national du Parti socialiste, une instance décisionnelle qui se réunit tous les mardis soir.

Ce 15 novembre, sur les coups de 17 heures, l'accord électoral et programmatique entre le Parti socialiste et les Verts est à l'agenda de la réunion. Depuis qu'il est candidat, François Hollande a décidé de prendre de la hauteur et n'y siège plus. Il laisse ses hommes régler les affaires internes avec la direction du parti et avec Martine Aubry. Avant la réunion, le chef a donc donné ses instructions à ses lieutenants : « *Je ne m'occupe pas du texte, et je ne m'occupe pas des accords électoraux ! À condition que dans le texte, il n'y ait pas la sortie du nucléaire, qu'il n'y ait pas l'arrêt de l'EPR de Flamanville, et qu'il n'y ait pas l'aéroport Notre-Dame des Landes. Si tous ces points ne sont pas dans l'accord, alors ça ne me dérange pas.* » Réponse immédiate et assurée de Michel Sapin : « *Tu n'as pas de soucis à avoir, le texte ne fait que constater les désaccords.* » Vers 17 heures, les proches de François Hollande débarquent, plutôt sereins, au siège du PS rue de Solférino. L'accord final a été validé en début d'après-midi par Martine Aubry pour le PS et par Cécile Duflot pour les Verts. Il a été imprimé et posé sur les tables de la salle du bureau national. Les deux hommes en charge de l'accord, Guillaume Bachelay pour le PS, et Michel Sapin pour le candidat, se lancent dans une présentation du texte d'une demi-heure environ. « *Nous, les hollandais, on découvre le texte au bureau national,* raconte François Rebsamen. *Je le lis, je regarde s'il y a les points édictés par François. Ils ne sont pas dedans. Pour le reste, j'essaie de lire toutes les pages de l'accord pendant le débat... Je vois bien une phrase alambiquée, et là mon téléphone sonne.* » C'est François Hollande, qui vient lui aussi de recevoir le texte et qui a été alerté par la même phrase « *alambiquée* ». L'accord prévoit en effet « *la reconversion, à emploi constant, de la filière de retraitement et de fabrication du MOX* ».

Pour Hollande, c'est inacceptable. Il refuse d'acter une sortie programmée du nucléaire et de donner des gages aux écologistes, qui verraient dans la fin de la production de ce combustible un aveu de faiblesse de la part du candidat socialiste. De son bureau de l'Assemblée nationale, il ordonne à ses troupes de faire suspendre les débats : « *Il faut faire retirer de l'accord la phrase ambiguë sur le MOX. Il n'est pas question que vous votiez ce paragraphe !* » Stéphane Le Foll reçoit lui aussi son coup de téléphone : « *Je ne peux pas accepter cette phrase. Ou vous la renégociez, ou on l'enlève ! Tu dois demander une suspension de séance.* » Réponse de Le Foll, impuissant : « *On est en plein débat sur les circonscriptions, euh… là, je ne peux pas interrompre la réunion ! C'est parti, c'est parti, je ne peux pas arrêter ça !* »

« *Ça* », c'est l'empoignade entre Bertrand Delanoë et Martine Aubry sur les fameuses circonscriptions parisiennes offertes aux Verts, et à Cécile Duflot en particulier. « *Martine doit payer ses dettes, c'est pour ça qu'elle impose Duflot à Paris,* décrypte un membre de la direction. *La patronne des Verts a soutenu ouvertement Martine dans la primaire. Le deal, c'était qu'elle lui réserve une circonscription dans la capitale.* » Pendant que Hollande donne ses instructions à ses hommes, Delanoë claque la porte et laisse éclater sa colère : « *Ils me prennent vraiment pour un con, ils se foutent de ma gueule !* » Aubry a payé sa dette à Duflot. Delanoë, qui a pourtant soutenu la première secrétaire pendant trois ans, se sent trahi. Avec lui, celle qu'il avait désignée pour lui succéder, Anne Hidalgo. Martine Aubry l'avait pourtant choyée en en faisant sa porte-parole pendant la primaire.

Les lieutenants de Hollande laissent passer l'orage et tentent, en fin de bureau national, une ultime percée avant le vote du texte. C'est Stéphane Le Foll qui prend la parole : « *Martine, il y a un problème sur le texte !* » Aubry : « *Non, non, c'est résolu !* » Rebsamen : « *Non, non, ce n'est pas résolu, Martine ! Je demande à ce que l'on retire le paragraphe sur le MOX.* » Conclusion de la première secrétaire : « *Ne vous faites pas de souci, le paragraphe est retiré...* » La réunion se termine sur ces mots rassurants pour le clan Hollande. Ultime coup de fil au patron : « *C'est bon, François, le paragraphe est retiré.* »

Dans la foulée, les proches du candidat traversent le boulevard Saint-Germain et se retrouvent avec leur patron dans son bureau de l'Assemblée, rue Aristide-Briand. Il y a là les généraux de la garde rapprochée : Michel Sapin, Pierre Moscovici, François Rebsamen, Manuel Valls et Stéphane Le Foll. Hollande, particulièrement irrité par la situation, passe ses nerfs sur Michel Sapin, l'homme en charge du programme, donc des tractations sur le fond avec les Verts. « *C'est quoi ce bordel, Michel ?*

– Mais c'est un problème d'interprétation, ne t'en fais pas ! Nous n'avons pas la même interprétation de la phrase, c'est tout ! Arrêtez de vous énerver comme ça sur le MOX, ce que dit cette phrase, c'est juste : on va fermer les vieilles centrales, donc on aura moins besoin de MOX, c'est tout ! Pas qu'on arrête la production ! »

Hollande, la voix un brin éraillée : « *Et les Verts, ils disent quoi ?*

– … *Bah ! eux, ils disent qu'on arrête le MOX. Mais je viens d'avoir Duflot et Placé, demain tout est réglé…* »

Hollande et ses hommes allument la télé et zappent sur les JT de 20 heures de France 2 et TF1. La tonalité des commentaires rassure tout le monde. Pour la presse, Hollande n'a pas flanché, le PS et les Verts se sont contentés d'acter leurs désaccords. Exactement ce que voulait François Hollande. Satisfait, ce petit monde se quitte vers 21 heures, avec le sentiment du devoir accompli. La séquence écolo est enfin refermée. La campagne va pouvoir repartir sur de bonnes bases. Pourtant, le soir même, les écologistes dénoncent un accord trafiqué par le PS et demandent la réintégration du fameux paragraphe. S'ensuivront quarante-huit heures de polémiques, une image de tambouille électorale pour les deux partis et une fragilisation de Hollande. La présentation de l'équipe de campagne du candidat, qui devait être un moment fort, est reléguée au second plan.

De cette séquence, certains proches de Hollande retiennent surtout le rôle néfaste joué par Martine Aubry. C'est elle qui a été à la manœuvre pendant la rédaction de l'accord, c'est elle qui l'a finalisé avec Duflot, c'est donc elle la responsable du paragraphe controversé. François Rebsamen décrit un candidat presque pris en otage par la première secrétaire : « *Martine avait déjà tout négocié, tout vendu aux Verts sur le fond ! Avant la victoire de François, il y avait eu quatre mois de boulot, des groupes de travail orga-*

nisés. Nous, on gagne la primaire, mais il y a déjà un texte ficelé[1] *!* » « *Il n'y a pas de cynisme de la part d'Aubry,* pense en revanche Michel Sapin. *Mais elle avait prévu un scénario avec elle comme candidate : la sortie du nucléaire. Donc c'était un accord à sa main.* » Cynisme ou pas, malveillance ou simple maladresse, l'attitude de la première secrétaire est pour le moins étonnante.

Dans la tempête, le capitaine Hollande est bien seul. Où est passé Fabius, chargé de réfléchir aux premières mesures du quinquennat en cas de victoire et pourtant habituellement très présent sur les plateaux télés ? Où est passée Royal, qui s'était muée en première supportrice dans l'entre-deux tours de la primaire ? À part un *Grand Rendez-Vous* sur Europe 1, elle a disparu des écrans radars. Où est passé Montebourg, la surprise de la primaire qui avait, « *à titre personnel* », appelé à conforter l'avance de Hollande après le premier tour ? Et surtout, surtout, que fait Martine Aubry, première secrétaire fantôme depuis sa défaite le 16 octobre ? Jusqu'à une interview dans *Le Journal du Dimanche* le dernier week-end de novembre, la « *première des socialistes* » brille surtout par son absence.

Ce mois chaotique voit s'enchaîner boulettes, imprécisions et rumeurs dans la presse. L'anecdote sur le siège de campagne illustre l'incapacité de l'équipe Hollande à démarrer efficacement la bataille. Au début du mois, des informations fuitent dans les médias : l'équipe du candidat serait sur le

1. Entretien avec les auteurs, le 30 novembre 2011.

point de s'installer dans 250 mètres carrés au 103 de la rue de Grenelle, dans le 7e arrondissement de Paris. Un immeuble bourgeois en pierre de taille avec cour pavée bordée de fleurs et de plantes. L'attaque est évidente et facile pour une UMP qui moque un PS *« gauche caviar »* et un socialiste bien éloigné des couches populaires.

Peu aidé par les siens, affaibli par son parti, Hollande offre à ses adversaires de droite un nouvel angle pour l'attaquer : « la difficulté au commandement ». *« Il y a eu l'accord bidouillé avec les Verts,* ironise Christian Jacob, patron des troupes UMP à l'Assemblée nationale, *ensuite un candidat incapable d'imposer son chef de cabinet et son chargé de la communication pour les investitures aux législatives, enfin, quand ça tangue, ni Fabius ni Aubry ne lèvent le petit doigt*[1]. » En cette fin d'automne, ce qui réjouit la droite et inquiète certains à gauche, c'est le manque de cohésion derrière le candidat. Dans la foulée de sa victoire à la primaire, François Hollande a délibérément choisi de ne pas « reprendre en main » le parti. Aubry souhaitait rester première secrétaire, elle est exaucée, malgré ses attaques violentes sur *« la gauche molle »* et *« le flou »* des propositions de son concurrent. Rien ne bouge au PS. Benoît Hamon reste porte-parole, lui qui avait fait bruyamment campagne contre Hollande. Une petite musique commence à monter sur « le double jeu »

1. Entretien avec l'un des auteurs, le 6 décembre 2011.

que l'on prête à Martine Aubry. Pour certains, elle jouerait même la défaite du candidat socialiste. Son rôle dans le fiasco de l'accord avec les Verts, son énergie déployée pour écarter les amis de François Hollande des investitures aux législatives, ou encore sa quasi-disparition de la rue de Solférino entretiennent le doute sur sa volonté de faire le job. *« Elle qui partageait son temps entre Lille et Paris lorsqu'elle était première secrétaire à plein temps, ne passe plus qu'un jour et demi par semaine à Solférino,* tacle Harlem Désir, le numéro 2 du parti. *Elle fait vraiment le service minimum*[1] *! »*

Un ultime épisode jette le trouble sur son engagement. Il concerne la lettre d'Arnaud Montebourg dénonçant les pratiques de la fédération socialiste du Pas-de-Calais. Le député sortant Jean-Pierre Kucheida, soutien de François Hollande, est mis en cause dans des affaires de financement occulte. Dans son courrier, Montebourg demande à Martine Aubry de se saisir du problème et met en cause, au détour d'une phrase, un autre député du coin : Jack Lang. C'est peu dire que ce dernier n'apprécie pas d'être ainsi désigné. Il va jusqu'à menacer l'impétrant *« d'une bonne paire de gifles »*. Accusé par Martine Aubry de cultiver son ego en se parant du rôle de chevalier blanc, Arnaud Montebourg se défend d'avoir voulu faire un coup et renverse l'accusation. Au journal *Le Monde,* il affirme : *« C'est à Martine Aubry que Jack Lang devrait demander des excuses pour*

---

1. Propos recueillis par l'un des auteurs, le 17 novembre 2011.

avoir rendu publique une lettre confidentielle. Je n'ai fait à ce jour et ne ferai aucun commentaire public sur le Pas-de-Calais, car la victoire de notre candidat François Hollande est mon seul objectif[1]. » Une façon d'instiller le doute sur l'objectif poursuivi par Martine Aubry, même si aucun baron socialiste n'ose suspecter publiquement la première secrétaire de double jeu. « *Le principe de réalité s'impose à elle,* veut croire Jean-Marc Ayrault. *Les socialistes et la gauche veulent gagner, elle s'y pliera.* » « *Elle joue le jeu* », dit un autre éminent socialiste, qui affirme que lors des conseils politiques restreints autour du candidat, « *l'animosité entre Aubry et Hollande semble totalement étouffée* ».

Malgré le doute, malgré les attaques subies trois longues années durant, malgré les menaces aussi d'être « cassé » s'il ne renonçait pas pour laisser la place à DSK, Hollande choisit d'effacer les ardoises. Le candidat a en tête l'erreur commise par Royal en 2007, lorsqu'elle partit en campagne à côté du PS, en conflit larvé et permanent avec les éléphants. « *François a volontairement voulu donner des signes dès le départ : n'ostraciser personne et rassembler tout le monde*[2] », explique Jean-Marc Ayrault. Et cette stratégie du rassemblement va jusqu'à intégrer dans son organigramme de campagne Guillaume Bachelay. Plume de Martine Aubry et intime de Laurent Fabius, celui-ci est pourtant l'auteur des critiques les

1. *Le Monde* du 12 décembre 2011.
2. Entretien avec l'un des auteurs, le 20 décembre 2011.

plus acerbes à son endroit ! Cette promotion passe mal chez les fidèles de la première heure. *« Il est méchant ce Bachelay,* glisse le député André Vallini, *moi je mets plus de temps que Hollande à passer l'éponge*[1]. »

Doux avec ses adversaires, dur avec ses proches. Autre illustration, quelques jours plus tard, dans un salon de l'hôtel Mercure de Pantin pour une réunion stratégique à l'abri des caméras. Hollande a convoqué son staff pour recadrer tout le monde. La campagne ne prend pas et les fuites se multiplient dans la presse. Ils sont une dizaine autour de la table : Le Foll, Le Roux, Sapin bien sûr, mais aussi Peillon, ou encore Marisol Touraine. François Hollande entend rappeler qu'il est le chef, et non *« un capitaine de pédalo »*, surnom dont Mélenchon l'a affublé quelques jours plus tôt. *« Si vous n'êtes pas capables de faire le travail,* menace-t-il, *je vous sortirai de l'équipe de campagne. Votre présence dans l'organigramme n'est pas une obligation. »* Les rôles et les titres que Hollande a distribués, il peut les reprendre, à tout instant.

1. Propos recueilli par l'un des auteurs, le 9 novembre 2011.

15

Le spectre Euro-RSCG

Quelques jours avant la convention d'investiture du 22 octobre 2011, un dernier déjeuner entre amis. Ceux qui l'accompagnent depuis le début se réunissent à la questure du Sénat pour un repas célébrant la fin de la primaire, la victoire de « François » et la défaite de « Martine ». Le héros socialiste n'est pas présent, mais on trinque à sa santé.

Il y a là tous les premiers chrétiens, les compagnons de la première heure et quelques ralliés de longue date : le maire de Quimper, Bernard Poignant, celui de Boulogne-sur-Mer, Frédéric Cuvillier, l'ancienne attachée de presse du temps de Solférino devenue sénatrice, Frédérique Espagnac, Kader Arif, Malek Boutih, Daniel Vaillant, Faouzi Lamdaoui, François Rebsamen ou encore Isabelle Sima. Tous croient en Hollande depuis longtemps. Pour certains, depuis toujours. Tous ont le sentiment du devoir accompli. Ils savent aussi que quelque chose va changer à partir de maintenant. Le candidat à la candidature entre de plain-pied dans la course à la présidentielle. Il va falloir ouvrir la porte aux autres tribus socialistes, à ceux qui ne se sont pas privés de taper sur Hollande, *« le candidat du système »*, *« l'homme de la synthèse molle »*, *« sans expérience et sans charisme »*. Le prix du rassemblement, en quelque sorte. Mais se lancer dans la campagne présidentielle, c'est surtout commencer à écrire une histoire avec les électeurs, et cela signifie s'en remettre aux experts en stratégie et communication. Un tournant redouté par les proches de Hollande qui déjeunent ce jour-là au Sénat. Il faut dire que la plupart ont vécu de près, et pour certains de très près, la campagne de Lionel Jospin en 2002. Ou plutôt la non-campagne du Premier ministre, empêtré dans ses lapsus, affaibli par ses déclarations maladroites, et surtout mal à l'aise dans le costume que les conseillers en communication d'Euro-RSCG veulent lui imposer. Au moment d'entamer une nouvelle phase de l'ascension élyséenne, les amis de Hollande redoutent le retour de ces gourous. Au moment de se lancer dans la bataille, c'est l'occasion ou jamais de se dire ce qu'on a sur le cœur, sans tabou et sans retenue, puisqu'on est *« entre soi »*.

En 2002, pendant toute la campagne, Jospin souffre et s'interroge régulièrement : *« Mais qu'est-ce qu'ils me font faire !? »* « Ils », ce sont surtout Jacques Séguéla et Stéphane Fouks, le patron d'Euro-RSCG. La campagne ratée de 2002, c'est eux. *« Ils avaient quand même fait des affiches sans le nom du candidat ! »* se souvient un communicant toujours actif au PS. Dans les coulisses de Matignon, puis de l'Atelier,

QG de campagne de Lionel Jospin, tout passait par eux. Le candidat était d'une certaine façon entre leurs mains. Et lorsque l'échec est devenu probable, ils ont commencé à se défiler. L'un des acteurs de l'époque, aujourd'hui proche de Hollande, se souvient d'une réunion politique un mardi matin, quinze jours avant le scrutin. Stéphane Fouks est présent. Ce jour-là, l'as de la com commence déjà à baisser les bras. Il va surtout décliner par avance toute responsabilité dans la débâcle qui se profile. Jean Glavany, le directeur de campagne, anime la réunion avec, à ses côtés, Gérard Le Gall, l'expert en sondages du candidat. Ce dernier alerte sur le mauvais tour que prend la campagne. Selon lui, il faut brutalement changer le rythme, les thèmes et les cibles électorales. Rien de moins ! Stéphane Fouks écoute l'exposé et se livre à quelques commentaires, en prenant à témoin son interlocuteur : *« De toute façon, on ne peut pas gagner une campagne avec un mec comme ça. »* Un des responsables présents, interloqué, l'interpelle : *« Mais ça va pas de dire ça ? »* Fouks conclut l'échange : *« T'as pas compris qu'on a déjà perdu ? »*

François Hollande, premier secrétaire à l'époque, ne fera plus jamais appel à l'agence. Les mois qui suivent le fatidique 21 avril – jour noir où Jospin est éliminé par Le Pen –, dans son bureau au premier étage, ses conseillers planchent sur la restauration de l'image du parti. Euro-RSCG est banni. Les élections régionales de 2004 se feront sans agence attitrée. Quelques mois plus tard, la campagne des européennes est confiée à TBWA, comme le référendum militant de 2005. En 2007, c'est Natalie Rastoin, de l'agence Ogilvy, qui prendra en main la campagne de son amie Ségolène Royal.

François Hollande, quelque dix ans après le 21 avril, n'a pas changé d'avis. Méfiant à l'endroit des gourous de la com, il se méfie particulièrement de Fouks et de la petite équipe qui l'entoure. Après avoir plombé Jospin, ils sont coupables selon lui d'avoir roulé pour DSK jusqu'à sa chute. 2012, les affiches, les slogans, la campagne du candidat, ce devait être pour Euro-RSCG. C'était écrit ! Stéphane Fouks y pensait depuis longtemps, ses proches y réfléchissaient déjà. Il s'était juré de faire de son ami « Dominique » le 24e président de la République française. Jusqu'au 14 mai 2011, date du choc du Sofitel de New York, Stéphane Fouks était courtisé, jalousé et craint. La chute de DSK a en partie entraîné la sienne, écorné son image et fait sourire ses détracteurs dans le monde impitoyable de la communication politique. Quelques semaines avant la nuit du Sofitel de New York, François Hollande, devant quelques journalistes, fait partager son scepticisme envers l'agence. Il évoque la diffusion d'un documentaire, selon lui plutôt complaisant, consacré par Canal+ au directeur général du FMI. *« C'est un clip de pub d'Euro-RSCG, avec même les auteurs dans le film ! »* Les spécialistes de l'agence apparaissaient dans plusieurs séquences !

Le rival de DSK enchaîne sur ses souvenirs du 21 avril : *« En 2002, je vous rappelle que Fouks était le responsable de la campagne de Jospin. Ça a été un désastre ! Euro-RSCG, ils sont méchants, ils sont puissants, mais ils ne sont pas bons* », tranche alors le futur candidat. Pour sa propre campagne, Hollande va procéder autrement. Pas question de se mettre dans la main d'un seul gourou. Il picore. Claude Sérillon, l'ancien présentateur du journal télévisé, vient le voir chez lui, à titre amical, pour préparer ses grandes interviews télévisées. Il le coache aussi avant les débats des primaires. Le candidat consulte également un autre de ses amis, Bernard Zarader, ancien de chez TBWA qui a monté sa propre entreprise, Equancy.

Quant aux affiches, aux slogans, au matériel de campagne, ils ont été confiés à une agence moins en vue : BDDP & Fils. À sa tête, un jeune communicant, Marco de la Fuente, totalement étranger au monde de la politique. Mais celui qui orchestre la campagne, l'inventeur du slogan *« Le changement, c'est maintenant »*, n'est pas un pro de la com. C'est Hollande en personne. *« BDDP nous avait trouvé l'un des slogans de la primaire : "On continue ? Ou on change ?" Après la primaire,* raconte le candidat, *j'ai décidé de les garder et de continuer à réfléchir sur cette idée du "changement". Eux m'ont proposé une simple formule : "C'est maintenant !" Je leur ai dit que c'était un peu court, pas assez explicite, et c'est là que j'ai proposé "Le changement, c'est maintenant".* » Face à « l'omniprésident » sortant, c'est « l'omnicandidat » qui émerge en ce début de campagne. Il s'occupe de la communication, du programme et même des journalistes qui lui adressent encore des textos pour être informés des déplacements du candidat le plus précisément possible ! *« Il était hors de question de se mettre dans la main d'une agence. C'était à nous de donner le rythme, les thèmes et même les slogans »*, confie le futur Président à quelques jours de sa victoire[1].

Un grand patron d'agence a très vite perçu la méfiance du futur Président à l'égard des conseillers image. C'est Nicolas Bordas, P-DG de TBWA France. Habile dans sa façon d'approcher Hollande, c'est lui qui va dans l'ombre fixer les grandes lignes de la stratégie de communication du futur président. Son credo est à l'opposé de celui des « cow-boys » d'Euro-RSCG qui imposaient d'avoir la main sur l'image de leur candidat, « de A à Z ». Que ce soit pour Jospin ou, plus tard, pour Strauss-Kahn. *« Nous ne croyons pas à l'intérêt des spin doctors qui se mettent au premier plan,* explique-t-il dans un article du *Figaro. Nous préférons produire des choses discrètement mais qui restent*[2]. » Une manière de travailler qui colle avec la façon dont Hollande envisage le rôle de ces experts. Du coup, derrière la petite agence BDDP, c'est Bordas qui oriente, conseille, et finalement pilote la communication du candidat, sans jamais apparaître officiellement. C'est Olivier Faure, conseiller « opinion » de Hollande, qui a eu l'idée de faire entrer Bordas dans le jeu dès la campagne des primaires, avec la promesse, en cas de réussite, d'enchaîner sur la présidentielle. Une présence très discrète, qui ne figurera jamais dans les organigrammes officiels, d'abord parce que

1. Entretien avec les auteurs, le 17 avril 2012.
2. *Le Figaro*, 11 janvier 2012.

Hollande ne le souhaite pas, mais aussi pour respecter les consignes de la direction américaine de TBWA qui interdit à ses filiales d'apparaître publiquement dans les campagnes d'hommes politiques. L'agence opérationnelle sera donc BDDP & Fils. Et même si TBWA n'est jamais associé au nom de Hollande ou à la campagne en général, c'est bien ce géant qui emporte la guerre d'influence que se livrent les grandes agences. Un enjeu de taille en termes de retombées économiques, d'image, mais aussi d'influence en cas de victoire de son champion.

Euro-RSCG écarté ? Pas tout à fait. Les proches de François Hollande attablés en cette fin du mois d'octobre redoutent l'arrivée de Manuel Valls dans l'équipe. Stéphane Fouks est un copain de fac du député-maire d'Évry. Il l'a conseillé et s'est affiché avec lui ostensiblement lors de réunions publiques. Le futur responsable de la communication de François Hollande est perçu comme l'œil et la main d'Euro-RSCG. De quoi susciter des interrogations chez les hollandais historiques. Ce 22 octobre, c'est Bernard Poignant qui prend la parole : « *Il y a une chose que je voudrais dire ici. Il va falloir des communicants, d'accord. Des images, des slogans, évidemment… Ça, je peux le comprendre, mais je ne veux pas d'Euro-RSCG ! Parce que ce ne sont pas des bons ! Je vous rappelle qu'ils ont conseillé Laurent Gbagbo ! Je ne les crois pas en phase avec les gens…* » Une fois le plaidoyer de Bernard Poignant achevé, Michel Sapin prend la parole : « *Il ne faut surtout pas que Stéphane Fouks se mêle de ça !* » « *Valls à la com, j'espère que ce n'est pas pour nous ramener Fouks par la fenêtre !* » dira quelques jours plus tard Poignant, juste avant l'annonce de l'équipe de campagne. Le choix de Bordas et de BDDP & Fils éteindra les craintes de la garde rapprochée du candidat.

Il y a pourtant un visage emblématique d'Euro-RSCG auquel les socialistes traumatisés par le fiasco de 2002 n'échapperont pas. Ce retour n'est pas le fait de François Hollande, mais de Valérie Trierweiler. La compagne du candidat décide de recruter une certaine Nathalie Mercier pour l'épauler dans sa propre communication. Ancienne de l'agence, elle dirige aujourd'hui la communication du musée du Quai-Branly. Plusieurs échos dans la presse relaient les critiques de certains camarades. Car Nathalie Mercier a laissé un souvenir cuisant de son action auprès de Lionel Jospin en 2002. *« Séguéla l'avait mise au côté de Jospin pour qu'elle s'occupe de son image,* se souvient un membre de l'entourage de Hollande qui avait suivi la campagne de Jospin au plus près. *Elle est restée un mois à Matignon, avant de s'installer à l'Atelier* (QG de campagne du candidat). *Elle voulait tout contrôler, l'image de Jospin, mais aussi les relations presse, au point de provoquer des tensions. Elle a fait énormément de bourdes, comme lorsqu'elle a conseillé à Jospin de s'excuser après avoir évoqué un Chirac vieilli, usé, fatigué, en off avec des journalistes. C'est toujours elle qui disait qu'à l'image une chemise blanche avec des cheveux blancs c'était très joli, moyennant quoi il avait l'air d'un cadavre ! Encore elle qui faisait faire à Jospin des images qui ne lui correspondaient absolument pas, comme lors d'un déplacement dans les Landes, où elle le fait photographier avec deux petites brebis dans les bras ! »* Les journalistes ne pouvaient pas avoir accès au candidat sans passer par elle. La plupart des confrères l'avaient prise en grippe. Pas Valérie Trierweiler, qui couvrait la campagne pour *Match*. Et pour cause : pour Nathalie Mercier, en 2002, *« il n'y avait qu'un seul média :* Paris Match », raconte un témoin privilégié. Les deux femmes ont alors noué des liens d'amitié. Et lorsqu'un ami de Hollande lui demande pourquoi elle a fait revenir Nathalie Mercier dans le jeu, Valérie Trierweiler répond sans ambages : *« Si je l'ai choisie, c'est qu'elle est très bien. »* Les sceptiques devront s'en accommoder, pas question de remettre en cause le choix de la première dame. Nathalie Mercier aura son bureau au troisième étage du QG du candidat.

16

Les bons vœux de l'UMP

En ce début janvier, l'humeur est plutôt optimiste à l'Élysée. Les conseillers opinion du Président observent avec satisfaction une évolution positive pour leur grand homme dans les enquêtes qualitatives qu'ils diligentent mois après mois. « *Sur tous les critères clés, Nicolas Sarkozy est devant. La capacité à protéger de la crise, la stature internationale, la crédibilité : sur tous ces items, Hollande est derrière. Les Français n'ont pas envie de voter Nicolas Sarkozy, mais ils s'y résoudront* », prédit un influent conseiller, qui ajoute : « *La campagne électorale, c'est la crise.* » Pour accompagner cette inversion de tendance dans l'opinion, l'Élysée se donne les moyens de gagner. Le socialiste a été épargné un temps, jusqu'à l'été 2011, alors que ses chances paraissaient faibles. Désormais, il doit être ciblé, pilonné même ! Nicolas Sarkozy donne l'ordre à ses troupes d'accélérer le rythme de la bataille. Le même argumentaire est diffusé auprès des ministres, chargés de le diffuser dans les médias. « *Hollande est un candidat de substitution, un candidat par défaut. Il s'est composé un personnage qui sonne faux, amaigri dans son manteau bleu marine, et qui assène ses discours sur un ton grave et emprunté*[1] », balance Nathalie Kosciusko-Morizet. L'autre axe de l'offensive consiste à comparer François Hollande 2012 à Edouard Balladur 1995 ! Un angle d'attaque d'autant plus cynique que Nicolas Sarkozy était à l'époque en première ligne pour faire gagner son mentor. « *Hollande gère un capital virtuel, celui que lui accordent les sondages, mais il sera battu par les suffrages* », analyse un proche du Président sortant chargé de théoriser la riposte. « *François le Petit* », comme le qualifie sans honte Nicolas Sarkozy en petit comité, est dans l'œil du cyclone. Après un début d'hiver compliqué, le candidat socialiste va subir les assauts de l'adversaire.

Comme souvent, le PS n'a rien vu venir. Ce mardi 3 janvier, juste avant de faire sa rentrée médiatique au 20 heures de France 2, François Hollande est attablé avec quelques journalistes à quelques rues de l'Assemblée, au restaurant Chez Françoise, sur l'esplanade des Invalides. C'est son directeur de la communication Manuel Valls qui a monté le rendez-vous. Le député-maire d'Évry s'est imposé comme le nouvel homme fort du candidat, prenant peu à peu le dessus sur le directeur de campagne Pierre Moscovici qui confie aux journalistes qu'il croise « *qu'il n'est au courant de rien* » concernant le déroulement de la campagne. C'est Valls qui cale l'agenda, Valls qui autorise ou non l'accès au QG, Valls encore qui négocie avec la presse. Aucun journa-

1. Propos recueillis par l'un des auteurs, le 2 janvier 2012.

liste n'a maintenant accès à François Hollande sans passer par lui. C'est donc lui qui a dressé la liste des conviés à déjeuner ce jour-là. Autour de la table, Sylvie Pierre-Brossolette (*Le Point*), Thomas Legrand (France Inter), Sylvie Maligorne (AFP), Alexandre Kara (Europe 1), Matthieu Croissandeau (*Le Parisien*) et un confrère de la presse régionale. Manuel Valls assiste au déjeuner. La plupart des invités connaissent le candidat socialiste depuis longtemps et pratiquent le tutoiement. L'ambiance est plutôt détendue. Hollande, connu pour être à l'aise avec les journalistes et assez libre dans ses propos, est visiblement très en confiance. Les carnets sont ouverts, chacun prend des notes, et ni Hollande ni Valls ne s'en offusquent. Au détour d'un propos critique à l'endroit du Président sortant, François Hollande se met dans la peau de son adversaire et fait comme s'il s'adressait aux électeurs pour les convaincre de le choisir. *« Il va se présenter devant les Français et leur dire : "Je suis un président en échec depuis cinq ans, je suis un sale mec, mais réélisez-moi parce que, dans cette période difficile, je suis le seul capable." »* Sur l'instant, personne ne relève. Thomas Legrand expliquera a posteriori qu'aucun des présents n'avait estimé que François Hollande traitait directement et manifestement son rival de *« sale mec »*. Mais le lendemain, dans un article titré *« Le nouvel appétit de Hollande »*, Matthieu Croissandeau, dans *Le Parisien*, rapporte l'expression que le socialiste a associée à la personne de Nicolas Sarkozy, sans en préciser le contexte précis. Dans le corps d'un article sur l'état d'esprit combatif d'un candidat à l'élection présidentielle, ressortir cette formule n'a rien de fracassant. Mais pour l'UMP, ce « *sale mec* » offre un merveilleux angle d'attaque qui va permettre de saturer pendant quarante-huit heures le terrain médiatique.

Quelques mois plus tôt, une cellule riposte a été créée par l'Élysée. Le 21 septembre précisément. Elle s'est réunie pour la première fois sous la direction du fidèle du chef de l'État, Brice Hortefeux. Composée de conseillers, de spécialistes des sondages, mais aussi de ministres – Laurent Wauquiez, Thierry Mariani et Nathalie Kosciusko-Morizet sont les plus assidus –, la cellule riposte tient au moins une réunion hebdomadaire au siège de l'UMP, le mardi ou le mercredi, et elle s'active aussi souvent que nécessaire. Son rôle : éplucher les déclarations, les déplacements du candidat et de ses proches, dégainer des argumentaires et les diffuser parmi les ministres et dirigeants de l'UMP pour pilonner l'adversaire dans les médias. À l'occasion de la sortie de Hollande sur le « *sale mec* », la cellule riposte va se déployer et faire la démonstration de son efficacité. Fait rare, dans la cour de l'Élysée, à la sortie du conseil des ministres, Pierre Lellouche et Nadine Morano condamnent les propos de François Hollande. La ministre va jusqu'à réclamer des *« excuses publiques »*. Jean-François Copé, à l'occasion de ses vœux à la presse, y va de son couplet : *« Cela nous a profondément choqués »*, s'indigne le secrétaire général de l'UMP, qui ajoute : *« On voit bien quelle concep-*

tion de la politique et du sens de l'État a monsieur Hollande, et cela est révélateur : quand on n'a rien à dire sur le fond, on emploie l'injure. » La consigne est bien passée ; le matin même, le bureau politique de l'UMP a permis de la diffuser largement : *« Allez-y gaiement »*, lance Copé à ses troupes. Le candidat qui, depuis la primaire du PS, avait érigé en principe le fait de ne pas répondre aux attaques personnelles sur la *« gauche molle »*, le *« flou »* de ses propositions ; l'homme qui disait privilégier le fond se retrouve donc au cœur de la polémique, soupçonné d'avoir injurié le Président. Certains à droite font le parallèle avec un Lionel Jospin qualifiant Jacques Chirac de *« vieilli, usé, fatigué »* dans la campagne de 2002. Chirac avait contre-attaqué avec violence. Cette gaffe avait collé au candidat Jospin comme le sparadrap du capitaine Haddock, le conduisant à se justifier publiquement. La situation n'est pas très différente, même si les journalistes étaient moins nombreux et que les propos ont été partiellement déformés. D'ailleurs, pendant quelques heures, à gauche on craint le pire. La polémique va-t-elle écorner l'image du personnage solennel qu'il bâtit depuis de longs mois ? Manuel Valls, organisateur du fameux déjeuner, concède le lendemain que *« ce n'est pas bon pour François »*.

Hollande est furieux. Il a le sentiment de s'être fait piéger. Il décroche son téléphone pour incendier le chef du service politique du *Parisien*. Matthieu Croissandeau, journaliste expérimenté et réputé pour sa rigueur, écoute la colère du candidat qui lui reproche d'avoir *« brisé le off »*. Mais Hollande connaît l'usage. Les journalistes présents prenaient des notes, et à aucun moment, précisera Matthieu Croissandeau, lui ou Manuel Valls n'ont signifié qu'il était strictement interdit de reproduire le moindre propos. Ce *« sale mec »* qui lui revient en boomerang découle d'un moment de relâchement, d'une imprudence qui serait passée inaperçue s'il n'avait eu face à lui une machine de guerre électorale lancée à vive allure et conduite par un chef de guerre décidé à arracher sa réélection avec les dents. L'erreur de Hollande est d'avoir mal évalué l'habileté et l'organisation de l'adversaire. Dans une telle confrontation, le moindre de vos propos est non seulement retenu contre vous, mais amplifié et déformé. À plusieurs milliers de kilomètres de là, au Sénégal, Ségolène Royal se montre très sévère à l'endroit de son ex-compagnon. Elle lâche devant quelques journalistes : *« Les échanges d'invectives ne grandissent personne. »* Interrogée sur l'emploi de l'expression *« sale mec »*, elle fait remarquer qu'elle ne s'était *« jamais »* permis d'insulter quiconque il y a cinq ans, lorsqu'elle était candidate à la présidentielle. Non seulement l'Élysée déploie l'artillerie lourde, mais Hollande essuie un tir croisé venant de ses propres lignes. La campagne s'annonce rude.

Et puis, un petit miracle se produit. Est-ce parce que l'expression, au fond, ne choque pas grand monde ? Parce qu'elle correspond au langage relâché de Sarkozy lui-même ? Les stratèges socialistes qui ont commandé des sondages sur l'épisode sont rassurés : le *« sale mec »* n'a aucune conséquence sur l'image de Hollande. Mais le répit est de courte durée. Le rouleau compresseur de la droite est en marche. Quelques jours plus tard, c'est sur le fond, sur une proposition de réforme du quotient familial avancée par la gauche, que l'ennemi va montrer sa puissance de frappe.

La réforme fiscale est au cœur du projet de François Hollande. Objectif : fusionner l'impôt sur le revenu et la CSG, et l'idée de moduler le quotient familial pour qu'il bénéficie davantage aux familles modestes. Deux points décisifs qui ne sont pas encore arbitrés, à quelques jours seulement de la présentation du programme du candidat ! Chacun, dans l'entourage de Hollande, a son idée sur la question, mais le chef n'a pas clairement fixé la ligne. La droite, elle, n'a pas l'intention de patienter plus longtemps. Opportunément, Matignon a réclamé un rapport sur le sujet et le laisse filtrer dans *Les Echos* du 9 janvier. Les conclusions de l'étude conduite par la direction du Trésor sont reprises dans un article consacré aux conséquences d'une telle réforme. Son titre ne laisse guère place à l'ambiguïté : « *Suppression du quotient familial : le projet du PS coûterait cher aux ménages aisés*[1]. » L'article considère qu'il y aurait « *un peu moins de 4,5 millions de perdants* ». Le matin même, les chevau-légers du Président partent à l'assaut des médias. Nadine Morano juge le projet « *dangereux* », Brice Hortefeux le qualifie d'« *hallucinant* ». Puis c'est Nicolas Sarkozy en personne, le mardi matin en petit comité, qui parle « *de folie, d'absurdité* ». Fait

1. *Les Échos*, 9 janvier 2012.

exceptionnel, lors de son intervention publique à Mulhouse à l'occasion de ses vœux aux professionnels de santé, le Président s'efface derrière « le non-candidat » pour fustiger son adversaire : *« Abroger le quotient familial aurait des conséquences absolument dramatiques pour la politique familiale (...). Notre politique familiale fonctionne, pourquoi vouloir la détruire ? »*

L'attaque est d'autant plus insidieuse qu'à cette heure, François Hollande lui-même ne s'est pas formellement exprimé sur le sujet. Il est de surcroît desservi par les interventions de ses lieutenants. Michel Sapin évoque la suppression du quotient comme *« une option »* parmi d'autres. Manuel Valls explique de son côté que la mesure est déjà arbitrée. Le candidat socialiste se retrouve sur la défensive. Il décide de répondre à l'attaque de Nicolas Sarkozy en organisant en catastrophe un point presse à son nouveau QG de campagne. Matraqué depuis deux jours par la droite, présenté comme le fossoyeur de la politique familiale à la française héritée de 1945, le candidat socialiste fait une mise au point qui ne pèche pas par sa précision. Il affirme qu'il *« ne veut pas supprimer le quotient familial »*, mais *« le moduler pour qu'il puisse être plus juste pour l'ensemble des familles »*. Il faudra se contenter de cette formule floue. Une position ambiguë, mal expliquée, noyée dans le brouhaha des commentaires contradictoires de ses troupes dans les médias. Au passage, il contredit son directeur de la communication qui avait eu le tort de s'aventurer sur ce terrain dangereux. L'image renvoyée est celle d'un foutoir au milieu duquel le chef tape du poing sur la table un jour sur deux pour remettre de l'ordre. Le bruit médiatique donne l'impression d'un cafouillage dans le camp Hollande, un de plus, reléguant au second plan son objectif de rééquilibrage de la politique familiale. Comme le souligne le candidat, il n'est pas question *« d'enlever un euro à la politique familiale »*. Mais même cette précision est emportée par la polémique. Lucide, Dominique Villemot, avocat et ami de François Hollande, pivot du dispositif socialiste, reconnaît à cette occasion la supériorité du camp d'en face dans le secteur de la communication. *« La force de Nicolas Sarkozy, c'est qu'il a toute la machine d'État à sa disposition, et cela, nous n'y pouvons rien,* analyse-t-il. *L'affaire du quotient familial que nous souhaitions remplacer par un dispositif plus juste nous est revenue dans la figure,* résume Dominique Villemot, *la droite a mobilisé Bercy pour pondre un rapport, qui est repris dans la presse et exploité pour nous attaquer*[1]. »

En moins d'une semaine, l'équipe Hollande s'est de nouveau retrouvée sur la défensive. Mais le candidat se félicite tout de même devant quelques journalistes *« d'avoir imposé le thème du débat sur le quotient familial »*, alors que la droite lui reprochait de n'avancer aucune proposition. Le socialiste est solide. Hollande encaisse, renvoie les coups sans excès, sans énervement et, dans l'adversité, impose un personnage capable de tenir son cap. Brice Teinturier, directeur général d'Ipsos, en fait le constat à la lecture des sondages de janvier : *« Hollande a une*

1. Propos recueillis par les auteurs, le 12 janvier 2012.

étonnante capacité de résistance. Malgré les attaques, malgré l'absence de candidature claire face à lui, sa cote reste très haute. » La droite pensait inverser le rapport de force à l'approche de février, le socialiste a mieux résisté que prévu. La campagne est encore longue, le duel incertain.

17

La semaine où tout a basculé

« C'est cette semaine que la présidence est née. » Assis dans le canapé de velours rouge du restaurant Thoumieux dans le 7e arrondissement, Laurent Fabius, détendu, affiche sa confiance. *« François a franchi une marche décisive*[1] *»*, glisse l'ancien Premier ministre. L'admiration de Fabius tranche avec l'expression qu'il employait un peu moins d'un an auparavant. Lors d'un déplacement à Bordeaux à l'occasion de la remise d'un prix littéraire, interrogé sur la candidature de François Hollande il répondait : *« Hollande président ? On rêve. »* Regrette-t-il l'expression ? *« Je n'ai pas exactement dit ça, mais ce n'est pas grave, c'était une époque différente, à ce moment-là DSK allait tout emporter. »* Pas de regret. Juste le rythme de la vie politique qui, au gré des circonstances, étouffe l'écho des déclarations assassines et rapproche les intérêts bien compris. Hier, Laurent Fabius méprisait l'ancien premier secrétaire qui comptait défier le tout-puissant directeur général

1. Propos recueillis par les auteurs, le 26 janvier 2012.

du FMI, aujourd'hui il endosse le costume d'ambassadeur du candidat pour porter sa parole à Tel-Aviv, à Ramallah, au Qatar ou en Chine. Certains, dans l'entourage de François Hollande, citent son nom pour Matignon. *« Non, je n'ai vraiment pas envie de ça, je connais. »* Le réalisme politique a ses limites. Pour un peu, on entendrait presque : *« Laurent Fabius Premier ministre de François Hollande ? On rêve »...*

Cette semaine si décisive pour le candidat socialiste s'est ouverte sur le grand meeting d'entrée en campagne. « Le Bourget, 22 janvier 2012 » devait être l'équivalent pour Hollande de « la porte de Versailles, 14 janvier 2007 » pour Sarkozy. Le coup d'envoi de l'histoire personnelle que noue un candidat à la présidentielle avec les Français. Plus de 20 000 personnes sont venues assister au meeting. Yannick Noah, personnalité préférée des Français et militant antisarkozyste assumé, assure la première partie, histoire de chauffer la salle. Le décor est présidentiel : un fond bleu sur lequel le nom du candidat et son slogan – « Le changement, c'est maintenant » – sont écrits en lettres rouges, 2012 écrit en blanc : les trois couleurs du drapeau français plutôt que les signes partisans du PS. Le poing et la rose ont disparu. Au premier rang, les socialistes les plus éminents, Jospin, Aubry, Jean-Pierre Bel – le président du Sénat –, Royal, Fabius. Édith Cresson et Pierre Mauroy complètent la brochette des anciens Premiers ministres socialistes. Valérie Trierweiler est présente, elle aussi, au premier rang, mais séparée par une allée des personnalités politiques. Elle est assise avec les figures de la société civile, à sa gauche Mazarine Pingeot, la fille de François Mitterrand, à sa droite le chanteur Benjamin Biolay. Dans cette grande réunion de famille, on croise aussi le comédien Gérard Darmon, le metteur en scène Jean-Michel Ribes, l'ex-patron de l'OM Pape Diouf, ou encore Thierry Rey, ex-judoka et ancien gendre de Jacques Chirac, plus habitué aux cénacles de droite.

Le discours, d'une durée de une heure et vingt-trois minutes, emporte l'adhésion de la salle. François Hollande, seul en scène, se livre pour la première fois publiquement. Il parle de sa famille, de sa mère de gauche, de son père d'extrême droite, il retrace son parcours personnel. Lorsqu'il en vient à évoquer la Corrèze, il s'y arrête longuement pour évoquer la mémoire collective de la guerre : « *Tulle a été une cité de la Résistance. Elle a souffert le martyre : 99 pendus, 200 déportés le 9 juin 1944, emportés par la barbarie nazie. Chaque année, le 9 juin, un cortège s'ébranle dans les rues de ma ville pour rappeler la mémoire des suppliciés. Une guirlande est accrochée au balcon, là où un corps sans vie se balançait lentement. J'ai leurs noms dans la tête. Ce sont mes héros. Je ne les oublierai jamais. Ils me font avancer.* » Le ton est grave, le propos adossé à l'enjeu de la présidentielle. Les trois mots qui reviennent le plus grand nombre de fois sont : « France », « République » et « Égalité ». L'homme a définitivement remisé sa bonhomie, sa décontraction et même son sens de l'humour. Pas une seule expression légère ne ponctue son discours. « *Les gens ne l'auraient pas compris,* confie-t-il quelques jours plus tard à l'un des auteurs. *Au Bourget, les gens venaient pour pleurer, ils sont venus me voir pour me le dire : "J'avais les larmes aux yeux, j'ai été ému." Je leur ai parlé de la Nation, de la famille, de la Résistance parce qu'à ce moment, ce que les gens attendent, c'est de la gravité. Le rire ? C'est autre chose, ce n'était pas pertinent.* »

De la gravité sur la forme, et de la densité sur le fond : François Hollande dévoile les grandes lignes de son programme dans un discours qui doit être fondateur. Au passage, il enterre le candidat de *« la gauche molle »* pour faire émerger le profil d'un président capable de fermeté, lorsqu'il évoque la tolérance zéro pour *« les petits caïds »* : *« La République vous rattrapera ! »* Ou encore lorsqu'il cible son *« véritable adversaire, le monde de la finance »* et promet – avec une certaine témérité ! – une réforme du système bancaire. Quant à son rival, il a une brillante idée : ne jamais prononcer son nom. Il se contentera de l'évoquer en creux : *« J'ai une cohérence, je m'y tiens, je suis constant dans mes choix. Je n'ai pas besoin de changer en permanence pour être moi-même »*, allusion au *« J'ai changé »* de Nicolas Sarkozy, scandé le 14 janvier 2007 au meeting de la porte de Versailles et qui semble être l'un des axes de sa future campagne. Pour sa seule attaque frontale, Hollande va s'inspirer de François Mitterrand. *« Je m'émerveille à aimer les gens »*, avait confié l'ancien chef de l'État lors de son premier grand meeting, en janvier 1981. Trente et un ans plus tard, le candidat socialiste lance : *« J'aime les gens, quand d'autres sont fascinés par l'argent.* » L'exercice est salué par la presse comme étant *« réussi »*. Même les dirigeants de la droite, du bout des lèvres et sous couvert d'anonymat, admettent que, *« sur la forme »*, le candidat socialiste a atteint son but : entrer dans le costume d'un candidat à la présidentielle.

Les socialistes, militants et dirigeants, qui attendaient ce moment comme un virage décisif pour espérer une victoire, repartent comblés du Bourget. Tous, sauf une. Ségolène Royal ! En veste rouge au premier rang, l'ex-candidate de 2007 affiche un sourire crispé. Difficile de partager la ferveur de ces 20 000 militants déchaînés sans repenser au 11 février, cinq ans plus tôt. Ce jour-là aussi elle portait une veste rouge, mais au lieu d'être assise au premier rang aux côtés des éléphants, elle fendait la foule du parc des expositions de Villepinte, à quelques kilomètres du Bourget, pour son premier grand meeting de campagne. Dans son esprit, elle était cette fois encore la candidate « naturelle », elle aurait dû avoir une seconde chance, mais ceux qui l'entourent et soutiennent « François » aujourd'hui ont réussi à la barrer, définitivement. Et comme si cela ne suffisait pas, ils vont aussi tenter de l'effacer.

Avant l'entrée en scène du candidat, un film retraçant les grandes heures de la gauche française est projeté sur un écran géant. De la victoire de François Mitterrand en 1981 à la gauche plurielle de Lionel Jospin en 1997, des réformes du Front populaire de Léon Blum aux 35 heures de Martine Aubry, les réalisateurs du film ont pris soin de mentionner toutes les célèbres figures socialistes. Mais l'histoire s'interrompt en 2002. Pas une image de

Ségolène Royal et de son duel perdu face à Nicolas Sarkozy en 2007. Pas un plan du meeting d'entre-deux tours du stade Charléty qui avait rassemblé près de 80 000 personnes. Impassible au premier rang, Royal n'en revient pas. Tout comme de nombreux militants qui lui sont restés fidèles et qui s'en plaindront sur le net. L'ex-candidate est furieuse, elle le dit dans les médias les jours suivants. Aux auteurs, qui la rencontrent longuement le lendemain du Bourget, elle précise sa pensée. *« J'ai été zappée, c'est une falsification de l'Histoire, et c'est une erreur ! En 2007, pour la première fois, une femme accède au second tour de la présidentielle, c'est un événement ! »* Derrière cet oubli, elle dénonce un énième procès en légitimité : *« C'est comme si 2007 était un accident de l'Histoire, tout juste si je ne suis pas arrivée en parachute de je ne sais où. Je serais le produit des médias, des sondages, du bon Dieu !* s'exclame-t-elle avec humour, avant de remettre les choses au point d'un ton ferme : *Non ! Je suis une femme politique aguerrie et j'ai été éliminée du processus, comme si je leur faisais encore peur. »* Le sentiment d'injustice qu'éprouve Ségolène Royal est d'autant plus fort que, selon elle, le discours de son ancien compagnon puise dans ses thèmes de 2007. Le système financier comme adversaire, mais aussi la sécurité, le drapeau, la nation, jusqu'à cette *Marseillaise* reprise en chœur par tout le Hall 1 du Bourget. *« C'est une réappropriation de toutes mes idées ! »* confie celle qui fut tant décriée quand elle évoquait les mêmes thèmes cinq ans plus tôt. Zappée de l'histoire de la gauche, et de l'histoire personnelle du candidat. Dans le mur d'images qui précède l'entrée en scène, la vie du candidat est évoquée, parcours politique et personnel, son ancienne compagne n'y apparaît que furtivement. Royal fait mine de l'ignorer, mais n'épargne pas Hollande lorsqu'elle commente le personnage politique mis en scène dans cette hagiographie… qui n'en est pas une à ses yeux. *« Sans être méchante, qu'est-ce qu'on voit dans ce film ? Des images de l'enfance en Normandie, mais on zappe le lycée Pasteur à Neuilly, puis Sciences-Po, l'Assemblée nationale, la Corrèze et puis quoi ?! Aucune rencontre internationale, aucun fait d'armes. Il n'y a pas d'ennemi, pas d'aspérités, pas d'engagements, aucune prise de risque. »* Une façon de retourner le procès en légitimité qu'on lui a fait et de s'affronter politiquement à son ancien compagnon : *« Moi je me bats, et personne ne me laisse indifférente. François, lui, il tourne la tête. Pas de risque, pas de combats. »* C'est peut-être la clé de cette élection que Ségolène Royal saisit à cet instant. En 2007, Hollande répète souvent qu'il n'était pas prêt, que ce n'était pas son moment. 2012 serait différent. *« Peut-être qu'il correspond à cette époque où les gens ont besoin d'être rassurés,* analyse-t-elle. *Ils ont été tellement assommés pendant cinq ans, au moins là ils se disent : "Avec celui-là, on ne sera pas secoués*[1]*." »* Un jugement sévère, implacable, qui n'empêchera pas Ségolène Royal de faire campagne. Pour calmer sa colère, le candidat fait amende honorable. *« C'était une erreur »* de ne pas avoir fait figurer 2007 dans le clip sur l'histoire du parti, concède-t-il. Manuel Valls, en

1. Entretien avec les auteurs, le 23 janvier 2012.

charge de la communication, se prend une soufflante et reçoit la consigne de faire modifier le film au plus vite.

Le peuple de gauche conforté par la démonstration de force du Bourget, reste à assurer la phase suivante, ce qui n'est pas une mince affaire : la crédibilité du programme. Après le « rêve », place à la réalité. Le ban et l'arrière-ban de la presse politique et économique sont conviés le jeudi 26 janvier à la maison des Métallos, espace culturel branché du 11e arrondissement, pour une présentation de la plate-forme présidentielle du candidat. Quarante et une pages, soixante propositions, et un chiffrage du projet. Technique, solide sur le fond, abordant tous les dossiers économiques avec facilité, on se souvient alors que François Hollande est un pur produit des grandes écoles. Au premier rang, Royal a été placée face au candidat, histoire de faire oublier la boulette du Bourget. Dans la salle, l'ancien journaliste Claude Sérillon, coach médiatique de François Hollande, regarde son poulain avec satisfaction. Le candidat socialiste passe l'obstacle de la conférence de presse sans grande difficulté, mais il sait que la réussite de cette semaine décisive passe surtout par une bonne performance en prime time le soir même sur France 2.

L'émission *Des paroles et des actes* permet à Hollande de détailler son projet face à plusieurs millions de Français. Temps fort du programme, le face-à-face avec Alain Juppé. Le duel était redouté par certains socialistes. *« Il est fou d'avoir accepté !* lance le maire de Lyon Gérard Collomb, *Juppé peut le battre ! »* Sur les questions internationales notamment, l'expérience du chef de la diplomatie française laisse penser qu'il pourrait dominer l'adversaire. Mais la passe d'armes tourne rapidement à l'avantage du socialiste. Alain Juppé emploie le futur lorsqu'il évoque l'action d'un François Hollande qu'il installe déjà à l'Élysée. Et quand il attaque Hollande sur son *« arrogance »* supposée, ce dernier l'envoie dans les cordes : *« J'en suis peut-être au début de mon examen de conscience, mais vous, vous n'êtes pas à l'abri de rechutes. »* Enfin, *« le meilleur d'entre nous »*, comme l'avait baptisé Chirac, est déstabilisé lorsque le socialiste le renvoie à son bilan de 1995, évoquant la hausse de la TVA de 18,6 % à 20,6 %, puis la dissolution qui s'ensuivit, amenant la débâcle pour la droite. L'ancien Premier ministre est touché. François Hollande le perçoit et retient ses coups. Alain Juppé lui reproche de ne pas avoir employé le mot *« compétitivité »* dans son propos économique. *« Je l'ai évoqué plusieurs fois pendant l'émission, mais vous n'étiez peut-être pas attentif,* rétorque le candidat.

– *Peut-être parce que vous parlez un peu vite,* poursuit Juppé.

– *Pardon, je parlerai plus lentement pour m'adapter à votre écoute »*, conclut Hollande qui se surprend en cet instant à repenser au *« vieilli, usé, fatigué »* de Lionel Jospin à l'endroit de Jacques Chirac en 2002. *« Je me suis senti partir sur un terrain glissant,* raconte-t-il à la fin du débat aux journalistes qui l'entourent.

Je me suis retenu juste à temps. » Au lieu de fendre l'armure, Hollande la revêt. Pour encaisser les coups de la droite, pour camper un présidentiable solide aussi. Ne plus ponctuer ses réponses de traits d'esprit et d'humour. Remiser définitivement le « Monsieur petites blagues » et le « Flanby » dans le coffre à souvenirs. *« Ce n'est plus possible, je dois faire attention maintenant »*, confie-t-il, détendu, une coupe de champagne à la main, après deux heures d'émission. L'exercice avait épuisé quelques-uns de ses prédécesseurs, Hollande en sort détendu, souriant, et plus que jamais persuadé d'avoir marqué des points décisifs dans la course à l'Élysée.

18

L'odeur de la poudre

15 février, 20 h 07, tour Bouygues de TF1 : *« Oui, je suis candidat. »* Nicolas Sarkozy officialise sur le plateau de Laurence Ferrari ce que tout le monde savait déjà. Au même moment, François Hollande est à la tribune, à Rouen, sa ville natale. Depuis plusieurs jours, l'entourage du candidat socialiste tente de faire baisser la tension autour de l'entrée en lice du président sortant. *« Banalisation », « non-événement ».* Pas question de commenter ce qui s'annonce comme le fait majeur de ce jour de campagne, reléguant en deuxième partie des JT le pèlerinage de Hollande sur ses terres. Pas question donc de consacrer à l'adversaire une place de choix dans le discours de Rouen. Une partie du staff socialiste laisse entendre que le candidat se contentera d'« allusions ». Pas d'attaques en règle, c'est promis. Mais fidèle à sa manière de faire, réécrivant lui-même son discours jusqu'à la dernière minute, François Hollande prend l'exact contrepied de la stratégie annoncée. Il multiplie les critiques : *« Vous connaissez la nouvelle du jour ? Le président-candidat est*

désormais candidat-président ! Quelle nouvelle ! Quel bouleversement ! (…) La vérité, c'est que le président candidat est candidat depuis cinq ans. À peine entré, il était candidat. Et à peine entré, il était déjà sortant ! » Les 10 000 sympathisants du Zénith exultent. Puis Hollande s'en prend aux propositions formulées par Sarkozy dans *Le Figaro Magazine* quelques jours plus tôt. Une longue interview très présidentielle titrée : « *Mes valeurs* ». Le président sortant évoque une fois encore « *les racines chrétiennes* » de la France et se prononce contre le mariage gay et l'homoparentalité. Il évoque en outre l'idée de référendums relatifs au statut des chômeurs et aux procédures judiciaires en matière d'immigration. Hollande récuse fermement la méthode : « *Parler au peuple, c'est s'adresser au meilleur de chacun d'entre nous (…) pas à sa part d'ombre. (…) Ce n'est pas flatter les instincts de la facilité, ce n'est pas désigner les chômeurs comme les responsables (…) ou les étrangers comme une menace ! (…) Le seul référendum que je connaisse, c'est le 6 mai prochain, c'est l'élection présidentielle !* » On est loin de la « *banalisation* » annoncée par l'entourage du candidat.

Le discours de Rouen est sans doute l'un des plus virulents à l'encontre de Nicolas Sarkozy. Un choix réfléchi sur lequel François Hollande revient avec les auteurs : « *Ce qu'il fallait banaliser, c'était sa déclaration de candidature. Mais ce qu'il ne fallait surtout pas banaliser, c'était* Le Figaro Magazine. *Parce que là, il s'agit des valeurs. Des valeurs de la droite réac. À Rouen, je voulais le démasquer.* » Pour Hollande, dès l'entrée en campagne de Nicolas Sarkozy, il faut « *le mettre à droite* ». « *Ça ne lui fait rien perdre au premier tour, mais ça lui coûte des voix au second*[1] », affirme-t-il. Le calcul est simple : plus Sarkozy est à droite, plus les voix du centre lui échappent, selon Hollande. Nicolas Sarkozy, lui, estime que son adversaire fait fausse route : « *Je ne fais pas campagne à droite, ou en m'adressant à telle ou telle catégorie de Français, je parle à tout le monde, je parle à tous les Français* », insiste-t-il. Quant au second tour : « *Le deuxième tour, c'est une autre élection, ça n'a rien à voir avec le premier, c'est autre chose.* » Deux stratégies divergentes pour deux lectures opposées de la campagne en cours.

Avec l'officialisation de la candidature de Nicolas Sarkozy, la campagne se retrouve dominée par le face-à-face entre les deux principaux acteurs. Dans les sondages, Marine Le Pen stagne, François Bayrou décline, et dans le débat public, dans les médias, seules les voix des favoris semblent porter. Pour autant, François Hollande refuse de se laisser enfermer dans un duel frontal. À Annecy et Marseille, pour ses premiers meetings, Nicolas Sarkozy s'en prend violemment à son adversaire dont il dénonce « *la faiblesse* », « *la lâcheté* », « *les mensonges* », l'accusant entre les lignes « *de ne pas aimer la France* ». Une provocation en duel que le socialiste refuse, pour l'instant. Soucieux de rester dans le rôle d'un candidat qui rassemble, qui apaise, Hollande ne veut pas durcir le duel pour ne pas se durcir lui-même, mais aussi « *pour ne pas tomber dans un match avant le second tour qui deviendrait un duo et qui*

1. Entretien avec les auteurs, le 17 février 2012.

finirait par fatiguer tout le monde ». Aux attaques de Sarkozy, il répond par l'esquive ou se contente de souligner combien les outrances sont « *un aveu de faiblesse* » de la part de celui qui les profère. Ne pas se laisser enfermer, ne pas se laisser impressionner.

Son adversaire, Hollande a eu le temps de l'observer. Il le côtoie depuis longtemps. Des dizaines de débats l'un contre l'autre lorsqu'ils étaient députés. Puis lors des campagnes électorales qui se sont enchaînées depuis les européennes de 1999. Jusqu'à la désormais fameuse photo côte à côte en une de *Paris Match* quelques semaines avant le référendum sur la Constitution européenne de 2005. De ces nombreuses confrontations, Hollande tire un premier enseignement : le président sortant le sous-estime. « *Depuis le départ, Sarkozy pense qu'il est le meilleur. Par rapport à tout le monde. Parce que son moteur est celui-là. Sa psychologie est celle-là. Et cela lui vient d'avoir eu à surmonter un certain nombre de contraintes. Il n'était pas un bon élève en classe, pas non plus un Apollon, et donc il a fallu qu'il lutte. D'où sa rapidité, son empressement. Et finalement il est maire très jeune, député assez jeune – comme moi –, et ministre jeune. Il pense donc qu'il est le meilleur de sa génération. Dans ce paysage, mes qualités, de son point de vue, sont des défauts. Il pense qu'être "normal" est un défaut. Il considère qu'il ne faut surtout pas être normal. Être à l'équilibre, faire la synthèse, réfléchir à trouver la bonne voie est un défaut. Lui est dans la brutalité, pas du tout dans l'harmonie.* »

Hollande dresse en filigrane son propre portrait. Lui, le tempéré, face à Sarkozy l'homme pressé, l'empressé. Et le socialiste est plus sévère encore lorsqu'il évoque le caractère de son adversaire : *« C'est un violent. Moi, je ne le suis pas. Je peux être ironique, je peux être sarcastique, je peux parfois être dur, mais je ne suis pas un violent au sens de "brutal". Je ne fais pas de tacles par-derrière quand lui pense en permanence : "je vais lui défoncer les dents". "Le croc de boucher", c'est quand même un propos d'une rare violence. Lorsqu'on regarde tout cela, on comprend que je ne corresponds pas, dans son esprit, au schéma du leader. »* De nombreuses fois, les deux hommes ont débattu, lorsqu'ils étaient députés, lors des campagnes électorales européennes, régionales. François Hollande fut reçu aussi à l'Élysée, en tant que chef de parti, tête-à-tête ou confrontations dont le socialiste garde le sentiment d'une forme d'enfermement mental de son adversaire. *« Vous ne pouvez pas avoir d'échange avec lui parce qu'il ne parle que de lui. Mitterrand écoutait beaucoup et parlait peu. Chirac aussi parlait peu, et lorsqu'il vous répondait, il était toujours d'accord avec vous, comme il approuvait le visiteur suivant. Sarkozy, il n'y a que lui qui parle. Il parle de lui, de ses contraintes, de sa vie privée. Mais il n'est pas curieux des autres. »* Hollande, une nouvelle fois, se positionne en anti-Sarko. *« Moi je suis dans la catégorie de ceux qui font parler. Pour ne pas se découvrir, pour ne pas se forcer à prendre une décision quand elle n'est pas sûre. »* Sarkozy la tchatche, Hollande le taiseux. Sarkozy l'agressif, Hollande *« le mec sympa »*.

Cette opposition de personnalités, de style, la droite aussi sait la retourner pour l'exploiter à son profit. Dans une campagne électorale sur fond de crise internationale, François Fillon souligne souvent que *« la présidentielle n'est pas un prix de camaraderie »*. Le sérieux, la crédibilité, tels sont les arguments de la droite, repris par Nicolas Sarkozy lui-même. Une façon de contourner le problème de l'impopularité du président sortant. *« Vous ne m'aimez pas ? Vous le trouvez sympathique ? C'est peut-être vrai, mais ce n'est pas l'essentiel »*, ainsi pourrait-on résumer l'état d'esprit de celui qui brigue un nouveau mandat. Signe encourageant, veut croire l'Élysée, les sondages de cette fin février semblent montrer un frémissement favorable. Pour la première fois l'écart se resserre dans les projections du premier tour. Nicolas Sarkozy s'est fixé un premier objectif : être en tête au soir du 22 avril pour créer une dynamique. *« Le premier tour, c'est 10-12 millions de voix, et après, il faut doubler la mise ! »* lance-t-il à ses interlocuteurs. Et les retraits de Christine Boutin ou d'Hervé Morin sont autant de petits cailloux qui doivent l'aider, peu à peu, à amasser les voix de toute la droite pour y parvenir.

19

Le joueur de poker

Une journée de campagne comme une autre. Ce vendredi 9 septembre 2011, François Hollande sillonne les routes de l'Aisne. Le candidat normal fait la course en tête dans les sondages, mais Martine Aubry, enfin entrée pleinement en campagne, s'accroche. La patronne du parti compte sur le premier grand débat de la primaire, dans quelques jours, pour inverser la tendance. Plus mordante, elle a bien l'intention de souligner devant des millions de téléspectateurs la vacuité de son adversaire. Selon elle, François Hollande est une construction sondagière, un *« homme du système »* qui n'a rien de concret à proposer aux Français. Le député de Corrèze sait qu'il entre dans une zone de turbulences où le favori qu'il est risque d'être attaqué par l'ensemble de ses challengers. *« Flou »* selon Martine Aubry, *« mou »* selon Ségolène Royal, *« Père la rigueur pas assez à gauche »* selon Arnaud Montebourg. Ce 9 septembre 2011 dans l'Aisne, François Hollande va tenter un coup de poker dont il a le secret.

Rentrée scolaire oblige, le candidat a retenu le thème de l'éducation pour ce déplacement. Les choses sérieuses commencent par une rencontre avec des enseignants et des parents d'élèves d'un quartier de Soissons. L'ambiance est détendue et l'homme du jour a prévu de dérouler son discours habituel sur le chef de l'État et les suppressions de poste dans l'Éducation nationale depuis le début du quinquennat. Facile, bien rodé. Mais les parents d'élèves présents ce jour-là veulent en savoir plus. « *Monsieur Hollande, si vous êtes élu, vous ferez quoi au sujet de ces suppressions de poste ? Concrètement...* » À ce moment précis, le candidat et son équipe de campagne n'ont encore rien décidé, rien tranché. Mais une journaliste de l'AFP assiste à la scène. Il faut absolument trouver quelque chose à dire. François Hollande se lance : « *Si je suis élu, on recréera 60 000 postes supprimés depuis cinq ans !* » Une annonce étonnante pour celui qui a fait de la rigueur et du redressement des comptes publics un axe de campagne. Mais surtout une annonce totalement improvisée. Une intuition sortie de l'esprit de Hollande au moment même où il la formule. Cette accélération va prendre tous ses adversaires de vitesse. L'intéressé a accepté de raconter aux auteurs la genèse de ce coup de poker réussi.

« *Les 60 000 postes, j'ai décidé ça tout seul. Je n'ai prévenu personne. Quand les parents d'élèves m'ont demandé ce que j'allais faire, je me suis dit : si je dis simplement que j'arrête les suppressions de poste, ça veut dire que tout ce qui a été mis en cause est acté. Donc il faut bien dire quelque chose, mais quoi ? Est-ce qu'il faut dire : "toutes les suppressions de poste seront compensées" ? Mais ça faisait quand même beaucoup. Donc j'ai commencé à réfléchir pendant que je leur parlais. Le programme du PS ne disait rien de précis là-dessus. J'ai commencé à faire mes calculs : Si j'en mets 60 000, ça fait 12 000 par an, donc ça coûte combien ? Je calcule, ça fait 2 milliards et demi à la fin du mandat, c'est jouable. Donc je dis 60 000 postes. Il y a eu une polémique, bien sûr, mais ça correspondait à un vrai besoin. Et puis ça prenait tout le monde de court*[1]. » Grâce à ce coup politique, la primaire se fera autour des propositions de Hollande ! Accusé par ses concurrents de ne rien avancer, c'est finalement lui qui impulse le rythme et le fond des débats. L'Éducation nationale sera au cœur des polémiques de la campagne, avec une autre mesure phare : le contrat de génération. Il s'agit d'un contrat qui consiste à alléger les charges d'un employeur qui s'engage à embaucher en CDI un jeune de moins de 30 ans et à garder un senior de plus de 55 ans pour une durée de cinq ans. François Hollande est ambitieux. Il prévoit d'en créer 500 000 en cinq ans. Une proposition née un soir de 2009 dans son salon, en petit comité, avec deux de ses amis les plus fidèles, Dominique Villemot et Stéphane Le Foll.

Ce 9 septembre 2011 à Soissons, Hollande « le flou, le mou, le droitier », donne un sérieux coup de barre à gauche pour relancer sa campagne des primaires. Il va utiliser exactement la même méthode près de six mois plus tard pour riposter à la déflagration

1. Entretien avec les auteurs, le 17 février 2012.

médiatique que constitue l'entrée en campagne de son principal adversaire.

Lundi 27 février, le voilà face à quatorze Français et cinq journalistes sur le plateau de TF1. Le rouleau compresseur de la droite s'est mis en route une dizaine de jours plus tôt, avec l'entrée en scène du président sortant. Les derniers sondages indiquent un frémissement. Hollande se tasse, tandis que le président-candidat grignote quelques points. Le match se tend. À quelques journalistes, Nicolas Sarkozy confie son obsession : arriver en tête au premier tour pour rebattre les cartes au second. Sans l'admettre ouvertement, Sarkozy espère encore que le croisement des courbes des sondages le replaçant devant Hollande au premier tour interviendra mi-mars au plus tard. Sans cela, il n'y aurait plus guère de raisons d'espérer. François Hollande est donc sous pression pour son prime time sur TF1. Il lui faut reprendre la main. La veille, il a préparé l'émission avec une poignée de proches, toujours les mêmes : Manuel Valls, Stéphane Le Foll et quelques autres. Mais aucun n'a la moindre idée de l'annonce que le candidat s'apprête à faire devant un peu plus de trois millions de téléspectateurs. Interrogé sur la fiscalité des hauts revenus, il explique avoir été très choqué par la publication, quelques jours plus tôt, des salaires des dirigeants du Cac 40. *« Deux millions d'euros par an !* s'indigne-t-il. *J'ai considéré, et j'en fais ici l'annonce, qu'au-dessus de un million d'euros par mois, le taux d'imposition devrait être de 75 %.* » Nouveau coup de poker. L'annonce semble préparée, mûrement réfléchie. C'est l'inverse, personne n'était averti de cette proposition du candidat. Un lapsus passé inaperçu dans un premier temps atteste d'ailleurs de la spontanéité de son raisonnement : Hollande évoque un salaire de plus de un million d'euros par mois alors qu'il pense en réalité aux rémunérations supérieures à un million d'euros par an. La correction sera rapidement envoyée aux rédactions et aux agences de presse. Reste que son entourage est totalement pris de court. À commencer par Jérôme Cahuzac, le président de la commission des Finances de l'Assemblée, interrogé quelques minutes plus tard dans l'émission *Mots croisés* sur France 2. Prévenu juste avant d'entrer sur le plateau, il n'a pas eu le temps de préparer une réponse. « *Vous m'interrogez sur une déclaration que pour ma part je n'ai pas entendue,* se justifie le député. *Je ne sais trop que vous dire, (...) j'attends de voir ce qu'il en est vraiment* », bredouille Cahuzac, pris au dépourvu. Personne n'a eu la précaution de lui faire passer le moindre argumentaire. Michel Sapin, responsable du programme, parti quelques jours au ski, découvre la proposition de Hollande en direct à la télévision. « *Personne n'était au courant. Personne ne s'y attendait,* avoue-t-il. *L'histoire d'une réunion la veille pour affiner la proposition a été inventée. François a sorti cette idée de son propre chef. La proposition d'une tranche supplémentaire pour les hauts revenus à 45 % n'avait pas marqué suffisamment et c'est vrai qu'on s'interrogeait sur une mesure plus spectaculaire pour les très riches. Ça a infusé dans son esprit et il l'a annoncée spontanément, au dernier moment*[1] », décode Sapin. Le candidat décidant seul, après avoir écouté chacun, mais sans jamais dévoiler son jeu, c'est ainsi que fonctionne Hollande. Et le plus incroyable, c'est que ça marche !

Le lendemain soir, en meeting à Montpellier, Nicolas Sarkozy dévoile ses propositions en matière d'éducation. Elles passent quasiment inaperçues ! Les médias, l'opinion, le débat politique tournent autour d'un seul chiffre : 75 %. Mieux, une étude quelques jours plus tard valide l'intuition de Hollande : 57 % des Français approuvent la mesure[2]. François Hollande ou le sens du timing. Comme s'il avait appris par cœur le petit précis du sarkozysme version 2007. Il y a cinq ans, le chef de l'État avait dégainé son ministère de l'Immigration et de l'Identité nationale au début du mois de mars pour cliver sur son propre terrain et emballer définitivement la campagne. En 2012, à la même période, le candidat socialiste reprend la méthode : accélération sur sa thématique phare, la fiscalité, et clivage assuré avec le « Président des riches ».

L'opinion est accrochée. Mais le monde des affaires et des grands patrons, lui, est déstabilisé. Une semaine après l'émission de TF1, Dominique Villemot et Michel Sapin rencontrent une délégation de l'Association française des entreprises privées (Afep), sorte de club de grands patrons qui réunit notamment les dirigeants du Cac 40. « *Ils étaient très remontés* », confie

1. Entretien avec l'un des auteurs, le 3 mars 2012.
2. Étude Ifop pour *Le Journal du Dimanche* du 3 mars 2012.

Villemot. Maurice Lévy, le patron de Publicis, reproche aux ambassadeurs de Hollande la façon dont leur candidat a stigmatisé les grands patrons.

André Martinez, le vieil ami de Hollande rencontré à HEC et qui est chargé de le représenter dans le monde de la finance, confirme la levée de boucliers de certains patrons. *« Sur l'instant, quand j'ai entendu François faire son annonce, je me suis dit : "J'espère qu'ils ont bien réfléchi." »* Le « Monsieur Business » de Hollande va devoir faire œuvre de pédagogie, expliquant aux uns et aux autres *« qu'il y aurait des précisions à apporter, notamment sur le cas délicat de la transmission des entreprises, qui ne serait pas forcément taxée à de tels niveaux »*. Mais malgré ses efforts, il reste toujours *« quelques millionnaires du Cac 40 »* irrémédiablement fâchés. Un effet collatéral assumé par André Martinez, ancien dirigeant du groupe Accor, qui, depuis le début de la campagne, entretient un dialogue permanent avec le monde des affaires pour préparer la suite. Trois jours après le discours du Bourget et la déclaration de guerre *« au monde de la finance »*, il est à Davos, en Suisse, au grand raout de la finance mondiale, avec un petit badge épinglé sur la veste : représentant de François Hollande. Il multiplie les rendez-vous, participe aux conférences. Malgré la virulence de Hollande, les premiers retours sont plutôt positifs. Ses interlocuteurs ne s'indignent pas des propos de campagne du Bourget. Pour autant, la curiosité autour du possible futur président de la République française est bien réelle. Martinez est abordé par un prince de la famille royale du Qatar. *« Dans un français parfait, il m'a demandé si nos deux pays entretien-*

draient d'aussi bons rapports qu'aujourd'hui, je l'ai rassuré, raconte Martinez. *Ensuite il voulait savoir si nous pratiquerions un ostracisme particulier à l'endroit des musulmans, et enfin… si nous pourrions donner un coup de main sur le PSG, là, j'ai avoué notre impuissance !* » André Martinez rentre de Davos plutôt rassuré. Tout comme Dominique Villemot, qui, en sa qualité d'avocat d'affaires, constate lui aussi que Le Bourget n'a pas provoqué de défiance particulière chez les investisseurs. Les contacts avec les entreprises allemandes comme Bosch et Siemens sont continus depuis plus d'un an. Hollande en a rencontré les grands dirigeants à l'occasion de dîners organisés par André Martinez. « *Ce sont les patrons allemands qui ont pris contact avec nous au départ,* confie-t-il, *avec le souci de préparer une éventuelle alternance, de connaître les intentions de Hollande, l'Allemagne étant notre premier partenaire*[1]. » À l'aune de ces rapports constants avec le monde de la finance et de l'entreprise – notamment par l'intermédiaire du patron de la fédération des assureurs, Bernard Spitz, un ancien du cabinet de Michel Rocard –, l'impact des propositions de François Hollande est donc largement amorti, et les dégâts limités au regard des coups de poker qui ont mobilisé l'électorat de gauche positivement.

Les 60 000 postes, le contrat de génération, le taux de 75 % pour les plus riches… Toutes les idées phares dans ce moment crucial qu'est une cam-

1. Entretien avec les auteurs, le 28 mars 2012.

pagne présidentielle, c'est lui qui les a eues. Décrit pendant des années comme l'homme du consensus et de la synthèse, serait-il en réalité un solitaire qui décide seul de tout ? Un omnicandidat face à l'omniprésident qu'il a tant critiqué ? L'intéressé assume, persuadé que c'est la condition sine qua non d'une campagne gagnante. « *Si on réfléchit trop, si on réunit des équipes, à un moment on se dit : "Non, vaut mieux pas le faire." Donc, il faut forcer tout le monde à venir sur votre position. J'ai trop vécu l'inverse. Jospin a fait une campagne où il ne décidait de rien. Il avait énormément de travail. Cette campagne, il la voulait courte, il imaginait surtout une campagne de second tour, donc il a délégué beaucoup de choses : le programme, la communication... Et il l'a regretté à la fin. Il m'a dit qu'il avait perdu sa liberté, qu'il n'avait plus le temps de rien faire. Et puis, j'ai eu l'expérience de Ségolène, qui, elle, improvisait énormément, ce qui était aussi un problème. Donc j'essaie de trouver un bon équilibre. Parfois il faut provoquer une accélération, une surprise, parfois il faut au contraire rester cohérent*[1]. » Témoin privilégié des échecs de ses prédécesseurs, Hollande n'a rien oublié et préfère garder la main sur sa campagne, déléguer le moins possible, quitte à décider seul et à prendre au dépourvu ses propres amis.

1. Entretien avec les auteurs, le 17 février 2012.

20

Le boxeur

« Nous ne sommes que le miroir de la gauche. Après tout, ni Mitterrand ni Jospin ne l'ont nommé ministre. » En une phrase, Valérie Pécresse, l'un des ministres les plus expérimentés issus des rangs de la droite, souligne que les doutes sur la compétence et la crédibilité du personnage ont été entretenus et nourris par les socialistes eux-mêmes. *« Ce sont ses amis qui l'ont qualifié de mou, de flou*[1]. » Candidat *« caméléon »*, *« roublard »*, *« menteur »*, selon la sémantique utilisée par la droite, mais candidat qui fait la course en tête et que Sarkozy veut démasquer. *« Il ne dit rien, ne promet rien, ne projette rien,* résume un ministre. *Il ne dit aux gens que ce qu'ils ont envie d'entendre. »* En début de campagne, Sarkozy avait pensé que ses ministres parviendraient à démonter l'image de son adversaire. Lui qui, de l'aveu de son conseiller le plus proche, Franck Louvrier, *« n'a jamais considéré Hollande comme un candidat de premier plan*[2] ». Mais

---

1. Entretien avec l'un des auteurs, le 20 mars 2012.
2. Entretien avec l'un des auteurs, le 18 mai 2011.

voyant que ses généraux échouent à le démasquer, il se charge lui-même de la tâche. Il va y mettre d'autant plus d'énergie qu'il est convaincu que la presse est tombée sous le charme de son adversaire. *« Sarkozy estime que les journalistes sont avec Hollande et ça l'exaspère,* confie un ministre. *Pour lui, Hollande fait partie du système : grandi à Neuilly, passé par HEC, l'ENA... Bref, un représentant de la nomenklatura qu'on présente comme un candidat du terroir et un homme neuf. »* Le président sortant, dans la peau du challenger, pense que pour l'emporter il ne doit surtout pas retenir ses coups. Il faut frapper juste. Cogner au bon moment, attendre que l'adversaire montre des signes de fatigue pour lui sauter à la gorge et ne plus le lâcher. Sarkozy se tient prêt.

Ce mardi 12 mars, un doux soleil d'hiver accueille le président de la République dans la petite ville de Fougères en Ille-et-Vilaine. Venu visiter une usine Sagem spécialisée dans la fabrication des cartes électroniques pour les activités de défense et d'aéronautique, le candidat, souriant et détendu, s'avance vers les journalistes qui trépignent, pressés de l'interroger sur le dernier rebondissement de la campagne. La veille, un sondage de l'institut Ifop donne pour la première fois Nicolas Sarkozy en tête au premier tour : 28,5 % contre 27 % à son adversaire socialiste. Les experts parlent d'*« un croisement des courbes »* et d'un tournant dans la campagne. *« Ah bon ? Il y a un nouveau sondage ? »* lance, goguenard, le Président aux journalistes qui l'assaillent. Nicolas Sarkozy savoure visiblement l'instant. Certes, le rapport de force du second tour reste inchangé. Hollande est toujours gagnant, mais pour la première fois depuis des mois et des dizaines d'études d'opinion, la tendance semble s'inverser. « *Franchement, rien n'est joué, rien n'est fait* », relativise Sarkozy d'une voix calme et posée qui tranche avec l'excitation des journalistes. « *Mais quand même, ça valide votre stratégie ?!* » relance un confrère. « *Franchement, je faisais campagne avant, je ferai campagne après. Qu'est-ce que les Français penseraient de moi si je commençais à commenter les sondages alors que j'ai refusé de les commenter avant ? Ça n'aurait pas de sens* », conclut le gagnant du jour avant de tourner les talons. Le fait est que ce frémissement des sondages, l'équipe du candidat de droite l'attendait impatiemment. Et il est effectivement perçu comme la validation d'une stratégie très offensive, un « tapis de bombes » médiatiques ininterrompu depuis l'entrée en campagne, avec en point d'orgue le meeting géant de Villepinte le dimanche 11 mars, 24 heures avant le sondage Ifop.

50 000 personnes, déployées sur 47 000 mètres carrés, une scène en forme de grand rond blanc avec à sa proue un simple pupitre. Une myriade de drapeaux bleu-blanc-rouge recouvrant la salle, sorte d'immense marée aux couleurs de la France. Le Bourget de Hollande, avec ses 25 000 personnes et son concert de Yannick Noah, semble soudain bien anecdotique. Depuis l'intronisation de Nicolas Sarkozy à la tête de l'UMP en novembre 2004, la droite a démontré sa maîtrise en matière de mise en scène à grand spectacle des événements politiques. Villepinte n'a pas à rougir de la comparaison avec le

grand meeting de la porte de Versailles du 14 janvier 2007 qui lança la campagne de Sarkozy. Hollande a décroché Noah ? Sarkozy a Depardieu. Les organisateurs redoutaient de donner la parole au truculent Obélix, mais le monstre sacré du cinéma français a été sobre et bref : *« Je n'entends que du mal de cet homme qui ne fait que du bien. »* Après avoir soutenu Mitterrand, puis le parti communiste sous Robert Hue, voilà Cyrano chez Sarkozy. *Le Canard enchaîné* évoque la reconnaissance de l'acteur envers un président qui lui aurait donné un coup de main lorsqu'il aurait eu *« des problèmes avec l'une de (ses) affaires à l'étranger*[1] *»*. Bernadette Chirac, la bonne fée déjà présente en novembre 2004 au Bourget, est venue elle aussi pour marquer son soutien. Silhouette frêle, elle est assise au premier rang, à l'ombre d'Obélix-Depardieu. Que l'acteur s'assoupisse et on se dit qu'elle n'y survivrait pas. À cette mise en scène wagnérienne, Nicolas Sarkozy a associé un texte aussi surprenant qu'audacieux. Personne ne s'attendait à ce qu'il bâtisse son discours le plus attendu de la campagne autour du thème de l'Europe. D'emploi, d'économie, de valeurs, certainement, mais d'Europe, pas du tout. Le candidat choisit d'axer son discours sur deux propositions fortes : « le Buy European Act », équivalent du « Buy American Act » de Roosevelt, sorte de protectionnisme garantissant aux entreprises du continent un accès réservé aux marchés publics, et surtout une réforme des règles en vigueur dans l'espace

1. *Le Canard enchaîné* du 14 mars 2012.

Schengen qui régit la libre circulation dans l'espace européen. Il s'agit de mettre en place *« un gouvernement européen de Schengen »*, assurant un renforcement des contrôles aux frontières de l'Europe. Sans quoi, sous-entend Nicolas Sarkozy, la France pourrait s'en affranchir et reprendre la maîtrise de ses frontières. En deux propositions-chocs et sur deux sujets majeurs, le Président déplace le niveau de responsabilité de la France – dont il conduit la politique depuis cinq ans – vers l'Union européenne.

Qu'il s'agisse du manque de compétitivité de l'économie ou de la gestion des flux migratoires, le pays a beau s'y atteler, c'est l'Europe qui serait défaillante. En un mouvement tactique, Sarkozy occulte son bilan et réveille un sentiment anti-européen très présent dans l'opinion depuis le référendum sur la Constitution de 2005, et que la crise des dettes souveraines a aiguisé. Le clivage droite-gauche est déplacé vers une brisure idéologique autour de la notion de frontières que théorise le stratège du candidat de droite, le politologue Patrick Buisson. *« Le projet que porte Nicolas Sarkozy s'adresse à tout l'électorat populaire. Il est clairement le candidat d'une Europe des frontières. C'est en cela qu'il est le candidat du peuple qui souffre de l'absence des frontières et de ses conséquences en chaîne : libre-échangisme sans limites, concurrence déloyale, dumping social, délocalisation de l'emploi, déferlante migratoire*[1]. » Et l'ancien journaliste passé par la presse d'extrême droite décline cette notion de frontières dans la société,

1. *Le Monde*, 13 mars 2012.

entre ceux qui habitent les beaux quartiers, et les autres ; entre ceux qui ont les moyens de mettre leurs enfants dans les meilleurs établissements, et les autres ; entre ceux qui sont socialement bien intégrés, à l'abri des désordres de la mondialisation, et les autres. Le discours est habile. Il prend surtout l'adversaire par surprise, comme le reconnaît un très proche de Hollande. *« À Toulon, en décembre, Nicolas Sarkozy nous expliquait que la souveraineté, c'était l'Europe. Aujourd'hui il réveille l'Europe du non, celle de l'hostilité à l'Union. Pire, il nous a accusés de ne pas vouloir ratifier le nouveau traité européen sur la discipline budgétaire, et il menace de remettre en cause Schengen ! »* Le coup est audacieux, la partie relancée. D'autant que deux jours après le sondage Ifop, l'institut CSA dégaine un sondage qui place les deux principaux candidats au coude à coude : 28/28. Une source anonyme précise que le résultat brut donnait même Nicolas Sarkozy légèrement en tête, mais que, par prudence et dans l'attente d'une confirmation de la tendance, l'institut a préféré corriger le résultat rendu public. *« Voilà qu'ils me corrigent à la baisse ! »* Sarkozy en sourit devant son équipe de campagne, pendant que la maison Hollande vacille. *« Il y a eu un moment de flottement,* confie Dominique Villemot, *et en même temps cet épisode a rappelé à tous ceux qui rêvaient déjà à la victoire que rien n'était fait. »*

Le lendemain de la visite de Nicolas Sarkozy à Fougères, Hollande réunit ses proches au QG de l'avenue de Ségur. *« Hollande en a secoué certains et a aussi calmé les inquiétudes »*, confie l'un de ses proches.

Reste que le doute s'est soudain invité dans le camp du favori, jusqu'ici consacré par les sondeurs. C'est le moment pour le candidat Sarkozy de pousser l'adversaire dans les cordes !

À Lyon, le samedi 17 mars, boosté par ces sondages encourageants, le candidat de la droite sort les gants de boxe. Un discours violent entièrement consacré à démolir Hollande. Quarante-cinq minutes de bastonnade. Le socialiste est accusé de « *quadruple langage* », d'« *ignorance honteuse* », de personnage « *cynique* ». Évoquant le projet de son adversaire de vouloir gommer le mot « *race* » de la Constitution française, Sarkozy l'accuse de bafouer la mémoire des « *Français libres, des résistants, des fusillés, des déportés* » qui ont écrit « *avec leur sang* » la Constitution de 1946. Il fustige l'héritier de socialistes qui ont « *saigné à blanc la sidérurgie* » dans les années 1980, qui ont, selon lui, abandonné les banlieues et laissé exploser la délinquance. Les coups pleuvent, sans retenue. Sarkozy cherche le K-O. Tel un boxeur qui a décelé une faiblesse, une baisse de régime chez son adversaire, il cherche à l'achever. Le combattant de la droite a retrouvé son punch face à un politique qu'il n'a au fond jamais considéré à sa hauteur, à l'image de la droite tout entière. « *Un candidat cheap*[1] » pour Laurent Wauquiez. « *Il est trop mou,* dit de lui Nathalie Kosciusko-Morizet, *Ségolène Royal, elle au moins, avait des idées ; lui, on ne sait pas de quoi François Hollande est le nom*[2] ».

1. Propos recueillis par l'un des auteurs, le 5 juillet 2011.
2. Propos recueillis par l'un des auteurs, le 2 janvier 2012.

« Un homme sans expérience et sans cohérence idéologique[1] » pour Franck Louvrier. Un boxeur sans courage et *« sans couilles »*, pour reprendre le langage fleuri d'un très influent visiteur du soir à l'Élysée, qui confiait à l'un des auteurs, peu de temps avant la primaire socialiste : *« Je ne sais pas qui est Hollande, je ne sais pas s'il a des couilles. Il y a trois chances sur quatre que la gauche accède au pouvoir à la présidentielle, et la question qu'on se pose en ces temps difficiles, c'est : est-il capable de prendre une décision ? Est-ce qu'il a les couilles d'être président ? On ne sait pas. »* Pour Sarkozy aussi, Hollande reste une énigme. *« Au fond,* confie un ministre, *le Président a une image brouillée du candidat socialiste et cela remonte à la présidentielle précédente. Lorsque Sarkozy pose avec Hollande en une de* Paris Match *en 2005, il s'attend à l'affronter deux ans plus tard. C'est, dans son esprit, l'adversaire naturel. Et voilà qu'il se fait doubler par sa bonne femme. Pour Sarko,* conclut ce ministre, *Hollande n'est pas à la hauteur. »*

Le lendemain de la violente charge de Lyon, François Hollande arpente les allées du Salon du livre. Interrogé sur son sentiment après avoir été ainsi pris pour cible, il se dépeint en *« infatigable combattant »* et se compare à Sisyphe, personnage de la mythologie grecque condamné à faire rouler perpétuellement un rocher jusqu'en haut d'une colline sans jamais parvenir à son sommet. Un éternel recommencement d'une mission qui n'aboutit

1. Propos recueillis par l'un des auteurs, le 28 septembre 2011.

jamais. Bref, un symbole d'échec et non de réussite. Étonnante réponse, même si Hollande en retient l'interprétation d'Albert Camus qui imaginait « *Sisyphe heureux* ». Une métaphore de « *la persévérance, de l'engagement (...) pour arriver au plus haut* », détaille Hollande devant les journalistes... Au plus haut certes, mais sans jamais y parvenir.

À un peu plus de trente jours du premier tour, le champion de la gauche semble un peu affaibli, loin de l'infatigable héros grec. Son conseiller Dominique Villemot a beau relativiser les difficultés de la période, expliquant que « *l'inversion des courbes était prévue,* que le camp Hollande *pensait même qu'elle interviendrait plus tôt* ». L'ami de trente ans a beau relayer les paroles des sondeurs, qui assurent au candidat socialiste que « *le rapport de force au second tour ne bouge quasiment pas et reste en faveur de Hollande* », la dynamique de la fin mars est du côté de la droite. Guillaume Peltier, étoile montante de l'équipe Sarkozy chargé de l'étude de l'opinion, relève que la tendance des reports de voix des électeurs de François Bayrou est en train de s'inverser en faveur du candidat de droite au second tour. « *François Hollande a joué Le Bourget en janvier et lancé ses 60 propositions en même temps. Mi-mars, il n'a plus rien à dire,* relève-t-il. *Quelle erreur, quand on sait que les électeurs arrêtent leur choix dans les dix derniers jours d'une élection !* » Pour Hollande, il vaudrait mieux que le premier tour arrive vite. Pour Sarkozy, il faut sprinter sans s'arrêter jusqu'à l'échéance. Le scénario s'est totalement inversé. En janvier, Nicolas Sarkozy semblait pris dans un étau entre Marine Le

Pen et François Bayrou, en mars c'est François Hollande qui voit son espace se rétrécir, pris en tenaille entre Jean-Luc Mélenchon et François Bayrou. Ce que Guillaume Peltier résume d'une formule : *« La peur de perdre a changé de camp. »*

21

« Il n'y a rien à faire »

« Une campagne présidentielle, c'est un combat de sumo, François Hollande va se battre jusqu'au bout. » Henri Emmanuelli, ancien premier secrétaire du PS à la voix rocailleuse et au caractère de bouledogue, harangue 5 000 militants socialistes sur ses terres des Landes. À Mont-de-Marsan, ce 29 mars, « le sumo » Hollande semble retrouver confiance. À l'issue du meeting, il se confie aux journalistes. Détendu, souriant, dépouillé de sa parure solennelle de président potentiel. *« Je vais reprendre l'humour, car c'est une bonne arme. Quand les meetings étaient télévisés, j'étais à la recherche d'une présidentialité. Je faisais attention. Je me retenais. Là, je ne vais pas me retenir. On est dans une phase conclusive, ce qui compte, c'est vraiment l'adhésion. »* Le socialiste est soulagé. Tel le sumo décrit par Henri Emmanuelli, héros chiraquien s'il en est, Hollande n'a pas flanché, lui qui semblait éteint, anesthésié sous les coups de l'adversaire. Contraint de rester dans l'ombre après la tuerie de Toulouse qui a, un temps, mis entre parenthèses la campagne, Hollande retrouve confiance. Il semble

certain de l'issue du combat. Le « sumo » n'a pas bougé d'un iota.

Le lundi 19 mars au matin, un homme vêtu de noir et portant un casque de moto descend de son scooter devant une école juive de Toulouse. Il tue de sang-froid un professeur de 30 ans, Jonathan Sandler, et ses deux filles de 4 et 5 ans, avant de pénétrer dans l'établissement et de tirer *« à bout touchant »* sur la fille du directeur, âgée de 7 ans. L'effroi s'abat sur la France. C'est le même meurtrier qui, quelques jours plus tôt, a tué trois militaires à Montauban et une semaine avant, le 11 mars, un sous-officier dans un quartier résidentiel de Toulouse. Le 21 mars, trois jours après la tuerie dans l'école juive de Toulouse, Mohammed Merah, l'auteur des meurtres de Montauban et Toulouse, est abattu par les hommes du Raid. À quatre semaines du premier tour de la présidentielle, ce drame sans précédent fige le temps politique. Le chef de l'État reprend le dessus sur le candidat Nicolas Sarkozy annonce qu'il suspend sa campagne. En première ligne, il adopte un discours protecteur, invoque « l'unité nationale », et bien sûr suit les développements de l'enquête. C'est lui qui donnera l'ordre de l'assaut final. La gravité de l'instant impose aux autres candidats retenue et souci de solidarité. Aux obsèques des militaires à Montauban, ils sont cinq à avoir fait le déplacement pour assister, au deuxième rang, à l'hommage du Président. On distingue à peine François Hollande, caché par François Fillon. Avant la cérémonie, ses conseillers ont bataillé pour que leur candidat ne soit pas placé à côté de Marine Le Pen comme c'était initialement prévu. Mal leur en a pris, l'angle des caméras permet de bien distinguer la candidate du Front national, mais pas François Hollande que l'on avait donc déplacé. Le socialiste invisible n'a d'autre choix que de suivre les pas du Président sortant. Le mieux placé pour lui succéder se doit de rester dans son ombre, dans ses gestes, le plus « présidentiel » possible pour montrer qu'il est prêt. La période est douloureuse pour les Français, elle est politiquement délicate pour Hollande. Nicolas Sarkozy, éternel ministre de l'Intérieur dont l'image reste associée au thème de la sécurité, est sur un terrain qu'il maîtrise parfaitement aux yeux de l'opinion. Et face à cet état de fait, son rival, lui, est contraint à la passivité. Son entourage s'inquiète de l'impact et des bouleversements qu'un tel drame peut avoir dans l'opinion. À droite aussi, l'état-major du candidat s'attend à ce que les sondages bougent. Ils évolueront, mais faiblement.

Les premières études post-Toulouse montrent que Nicolas Sarkozy a basculé en tête au premier tour. Mais là où certains s'attendaient à ce qu'il engrange trois ou quatre points, il n'en prend qu'un ou deux, selon les instituts. Dans le même temps, la cote de Hollande s'érode, ce qui permet au sortant de le doubler. Les projections sur le second tour se resserrent également, mais Hollande est toujours gagnant. L'effet de Toulouse se révèle finalement limité. Le mardi matin 20 mars, le lendemain de la tuerie à l'école juive, il avait réuni son comité stratégique. Évoquant le drame, il avait mis en garde tout le monde : *« Il n'y a rien à faire, mais il ne faut surtout rien perdre, ne pas faire d'erreur. »* Une semaine plus tard, devant ce même comité stratégique, il se montre rassuré : « *Sarkozy est resté stable, il n'a rien gagné ou très peu.* » « *Il était soulagé,* concède l'un des participants. *Pour la première fois depuis longtemps, il était détendu.* »

Quatre jours plus tard, à Mont-de-Marsan, Hollande a retrouvé la niaque. Le sumo, qui a d'ailleurs repris cinq kilos et quelques rondeurs, se relance. *« Je sais ce que c'est qu'une campagne, j'aime ce moment où ça y est, ça se tend. On rentre dans un combat. »* Le candidat de la gauche ressort l'antisarkozysme comme ultime argument. À la Réunion, ce dernier week-end de mars, il mitraille : *« Maintenant on va le taper ! »* lance-t-il aux journalistes qui l'accompagnent en évoquant son adversaire, *« un grand prometteur avec des petits actes »*. Titillé par un Jean-Luc Mélenchon devenu l'attraction du cru 2012, Hollande entend appeler au vote utile, celui qui garantira la fin de parcours du candidat sortant. Le ressort de l'antisarkozysme est puissant, il faisait la force d'un DSK lorsqu'il était encore dans la course, ce que l'entourage de Hollande avait mesuré très tôt. En décembre 2010, Olivier Faure, expert ès opinion, avait commandé des sondages qualitatifs à l'Ifop pour décortiquer le vote en faveur de Strauss-Kahn. « *Ça a été un tournant pour nous,* analyse-t-il, *on s'est rendu compte qu'il n'y avait aucune adhésion en tant que telle à DSK, mais en revanche, le peuple de gauche voyait en lui celui qui offrait l'assurance de battre un Nicolas Sarkozy perçu comme surpuissant. En clair :*

Strauss était au zénith des sondages, mais pour autant, il n'y avait ni engouement ni engagement pour lui, comme cela avait été le cas pour Royal[1]. » À l'époque, Hollande, qui se prépare à affronter DSK dans les primaires, tire deux enseignements de cette étude. D'abord, son rival peut être battu et semble fragile puisqu'il ne suscite pas l'adhésion, il suffit juste de démontrer qu'il n'est pas le seul à pouvoir gagner contre Sarkozy. Et pour la suite, il intègre que le ressentiment à l'égard du sortant sera un élément clé de la grande confrontation. Après avoir travaillé l'opinion sur sa stature présidentielle, loin des polémiques, il achève sa campagne sur un ton nettement plus offensif avec un engagement simple et fort : dégager Sarkozy !

1. Entretien avec les auteurs, le 3 février 2012.

22

La botte secrète

« *Le drame de Toulouse aurait pu être le tournant de la campagne* », analyse Hollande dans son bureau du QG de l'avenue de Ségur, quelques jours avant le premier tour de la présidentielle. Lors d'un précédent entretien avec les auteurs, le favori des sondages s'inquiétait de la survenue d'un événement extérieur qui viendrait bouleverser le jeu : « *Une crise entre Israël et l'Iran, un acte terroriste majeur ou un fait d'insécurité en France, comme une émeute, pourraient impacter directement l'opinion et bénéficier à Sarkozy*[1]. » Il n'en sera rien. La campagne aura été suspendue moins d'une semaine. L'impact sur l'opinion est limité. Mais en cette fin mars, l'équipe cherche un second souffle. Parier sur le rejet du Président sortant pour assurer la victoire est désormais un peu court. Surtout sous la pression, à gauche, du tribun Mélenchon qui s'impose, meeting après meeting, comme la valeur montante de cette élection.

1. Entretien avec les auteurs, le 17 février 2012.

Certains, dont son fils Thomas, estiment qu'il faut relancer le débat par de nouvelles propositions. Les communicants, qui ne jurent que par le JT de 20 heures, sont de cet avis. Sarkozy égrène son programme au rythme d'une proposition par jour : il faut donc l'affronter sur le terrain des idées. Hollande écarte cette option. En comité stratégique, le mardi 3 avril au matin, il annonce son intention de prendre Sarkozy de vitesse. Le Président-candidat a convoqué la presse deux jours plus tard pour détailler son programme. Hollande, document écrit à l'appui, diffusera vingt-quatre heures plus tôt le calendrier de la première année de son quinquennat. Après les *« 60 000 postes dans l'éducation et les 75 % d'imposition »*, l'amateur de poker s'apprête à jouer un ultime coup. La plupart des dirigeants socialistes présents ce matin-là découvrent la botte secrète de leur candidat. *« Il nous a martelé qu'il fallait remettre de la cohérence dans la dernière ligne droite »*, se souvient la députée Marisol Touraine. Le conseiller de l'ombre Dominique Villemot détaille le cap fixé par Hollande : *« Il fallait couper court aux critiques sur le flou de sa gouvernance et sur ses choix incertains face à la crise, et non faire de la surenchère*[1]. *»* De fait, le document découpe très précisément la première année du quinquennat et le détail des mesures. Priorité au pouvoir d'achat avant les législatives de juin, avec *« le blocage temporaire du prix des carburants »*, et mise en avant de symboles de gauche avec *« le droit de partir à la retraite à 60 ans »* sous cer-

1. Entretien avec les auteurs, le 15 avril 2012.

taines conditions. Hiérarchie des mesures, engagements précis, le document est prêt pour être diffusé aux agences de presse. Le socialiste conservait cette botte secrète depuis de longs mois. *« Lorsque Fabius m'a remis son rapport détaillé sur le projet au lendemain de la primaire, j'ai eu l'idée de l'utiliser dans la campagne,* raconte Hollande. *Mais je ne savais pas quand cela me servirait. Avant le premier tour ? Entre les deux tours*[1] *? »* Une fois de plus, l'« omnicandidat » a décidé seul du rythme et du sens de sa marche vers le pouvoir. Le 4 avril, à la veille de la présentation du projet de son adversaire, les chaînes d'info et les JT des grandes chaînes ouvrent leurs éditions sur la feuille de route du futur Président. « La lettre aux Français » adressée par Sarkozy aux électeurs au cours d'une conférence de presse dans une salle sinistre du 15e arrondissement de Paris passera au second plan. Hollande fait coup double. Non seulement le candidat étouffe la communication de son adversaire, mais le futur chef de l'État assoit sa crédibilité en prenant des engagements fermes et datés. Et tant pis si le pari est risqué. Les experts et les conseillers qui l'accompagnent s'inquiètent des conséquences possibles de ce nouveau coup de poker. *« Pourquoi donner la retraite à 60 ans d'emblée, alors que cela aurait pu être une monnaie d'échange avec les syndicats ? »* s'alarme un très proche conseiller de Hollande. *« La réforme bancaire qui consiste à séparer les activités d'affaires et de détail ne sera pas faisable en juillet, en même temps que la réforme fiscale, la loi ne sera jamais*

1. Entretien avec les auteurs, le 17 avril 2012.

prête à l'été », prédit un autre stratège qui s'en est entretenu avec le candidat. Le futur chef de l'État n'ignore rien de ces risques. Mais, comme il l'avait fait après les réactions paniquées de certains de ses proches lors de l'annonce du taux de prélèvement à 75 % au-delà de un million d'euros de revenus, Hollande répond en substance : *« On verra plus tard. »*

« Ce n'est pas grave, se résout avec fatalisme l'un de ses proches, *en campagne il faut faire de la politique et s'assurer d'abord d'être élu, il sera toujours temps ensuite de trouver des solutions. »*

23

La dernière marche

La scène se déroule quelques minutes avant l'arrivée du favori de la présidentielle. Sur la grande esplanade de Vincennes, plusieurs dizaines de milliers de personnes attendent le héros du jour. En coulisse, Hollande, souriant, puise ses dernières forces auprès de ses fidèles. Ceux qui comptent dans cette campagne sont là : Valérie Trierweiler, Manuel Valls, Stéphane Le Foll, Aquilino Morelle, Faouzi Lamdaoui. Et puis, il y a cette ultime accolade, au pied de l'estrade : Thomas Hollande, le fils aîné du futur Président, ouvre les bras et embrasse ce père qui fuit habituellement toute marque d'affection publique avec sa famille. Plus qu'un fils, Thomas est un homme clé de la campagne du candidat socialiste. Un trait d'union aussi entre 2007 et 2012. En octobre, dans l'entre-deux tours de la primaire, il avait déjà pesé de tout son poids, harcelant sa mère au téléphone jusqu'à la dernière minute pour s'assurer qu'elle basculerait bien dans le camp Hollande. En ce printemps 2012, c'est lui qui a convaincu son père d'organiser un grand meeting populaire. Vincennes, c'est son idée. C'est lui qui est venu la vendre au député de Corrèze quelques semaines plus tôt.

Nous sommes le mardi 20 mars 2012. Le camp Hollande est en plein doute. La veille, Mohammed Merah a tué dans une école juive de Toulouse. La campagne est suspendue. Le candidat Sarkozy se « représidentialise ». Déjà, quelques jours plus tôt, les courbes du premier tour s'étaient croisées dans les sondages, mettant pour la première fois le président-candidat en tête. Il faut réagir, reprendre la main. Mais comment ? Ce jour-là, dans le bureau de Hollande, le jeune avocat propose plusieurs pistes à son père. Dont celle-ci : « *La seule façon de relancer la dynamique, c'est de faire un grand événement de mobilisation avant le premier tour, type Charléty 2007*[1]*. Un pique-nique festif avec un grand discours en clôture.* » Julien Dray, chargé de la mobilisation dans l'équipe de campagne, avait déjà songé à Vincennes, mais il plaidait pour un meeting d'entre-deux tours. Thomas, qui pressent l'essoufflement des troupes, plaide pour une opération de remobilisation avant le premier tour. Il convainc le candidat avec des arguments politiques. Depuis plusieurs semaines, le jeune homme participe aux prises de décision. Il s'entend bien avec Manuel Valls – tous deux se parlent souvent au téléphone – et son avis est écouté, respecté. La date du rassemblement populaire est donc fixée au 15 avril, une semaine avant le premier

1. Grand meeting de Ségolène Royal au stade Charléty, le 1er mai 2007.

tour. Accompagné de Dray et du directeur du Zénith de Paris, il va discrètement repérer les lieux. Les grandes pelouses, un temps évoquées, sont finalement écartées. « *Trop difficiles à remplir* », reconnaît Thomas Hollande. C'est sur l'esplanade située derrière le château que sera dressée la scène. Reste à définir la nature du rassemblement. Concert ? Meeting ? Quelle couleur donner à l'événement ? L'équipe de campagne est divisée. Thomas plaide pour un rassemblement avec pour seul intervenant le candidat. Les politiques autour de Hollande penchent plutôt pour une succession de discours des principaux dirigeants : Aubry, Jospin, Delanoë, Royal… et Hollande en apothéose. Une fois encore, le père tranchera en faveur du fils. « *Tu as gagné,* dit Valls au téléphone à Thomas, *Hollande sera le seul à parler.* » Le seul ou presque. Le maire de Paris, Bertrand Delanoë, obtient le privilège de prononcer un discours avant l'entrée en scène du candidat. Sens politique et art de la diplomatie. Comme il avait encouragé Fabius et Aubry à le rejoindre au lendemain de la primaire, Hollande manifeste des égards à l'endroit de Delanoë.

Le groupe Kassav' assure la première partie du spectacle. L'événement est annoncé comme un rassemblement festif plus que politique. L'idée est d'attirer bien plus de monde que les militants et partisans de gauche. C'est une foule compacte et diverse qui se retrouve au pied des tours du château. Hollande l'a voulu ainsi. Il y voit un double avantage : faire un ultime coup avant le premier tour et contrer Mélenchon sur le terrain de la mobilisation citoyenne. Le tribun du Front de gauche, parti de rien, flirte avec les 17 % dans les derniers sondages. Il finira à 11 %. Mais les images de ses grands meetings en plein air ont marqué la campagne. À la Bastille, au Capitole à Toulouse, ou sur la plage du Prado à Marseille, ces rassemblements monstres sont devenus sa marque de fabrique. De tous les candidats, il est le seul à susciter la ferveur et à soulever la passion. Hollande, rebaptisé *« la force tranquillou »* par *Libération*, est conscient que sa campagne gagnante ne fait rêver personne et que le leader du Front de gauche est une menace potentielle. *« Il y a toujours une surprise dans une campagne,* analyse-t-il. *En 2002, c'était Le Pen, en 2007 Bayrou. Cette année, c'est Mélenchon. Il ne faut pas le sous-estimer. »* Pour autant, le social-démocrate qu'il a toujours été ne veut pas se laisser entraîner à la surenchère : « *Ça ne sert à rien parce que le vote Mélenchon n'est pas un vote de proposition,* confiait le futur Président aux auteurs, quelques jours avant le premier tour. *Prenons l'exemple des 75 %. Ça a sans doute solidifié notre base, mais ça n'a pas fait déplacer une voix de chez lui. Son vote est un vote syndical et un vote d'humeur, de bonne humeur. C'est donc plutôt sur l'ambiance qu'il fallait jouer. Vincennes avait cette vocation : faire en sorte que la victoire soit joyeuse*[1]. »

Ce 15 avril à Vincennes, ils sont tous là. Tous les fidèles. Tous, sauf un : Pierre Moscovici. Malade, le directeur de campagne est absent. Comme il l'a été tout au long de la campagne. Pas assez impliqué, il

1. Entretien avec les auteurs, le 17 avril 2012.

a déçu le nouveau maître socialiste. *« Il n'a jamais rien proposé, il n'a jamais sillonné la France avec Hollande ! »* dénonce un très proche du candidat. *« Mosco »* a loupé sa chance : *« Il a fait le programme, ensuite il a totalement disparu. »* Il a laissé, sans combattre, tout l'espace à Manuel Valls. À Vincennes, le député-maire d'Évry est, lui, bien présent au bas de la passerelle qui conduit à la scène, aux côtés des Hollande père et fils. *« Il a été là jour et nuit, délaissant sa circonscription, quand Moscovici préférait rentrer à Montbéliard »*, se souvient un membre de l'équipe. Entre Hollande et Valls, une complicité sincère s'est nouée au cours de cette campagne. L'ancien concurrent de la primaire, devenu directeur de la communication, s'est mis totalement au service du vainqueur. *« Manuel est capable de s'oublier dans le dévouement au service de la cause, là où d'autres restent prisonniers d'une forme de narcissisme un peu malsain »*, analyse un responsable socialiste. Il a gagné le respect de Hollande : *« Valls a fait pleinement son travail. Il n'a pas fait plus que son travail. Il n'est pas vrai qu'il est allé au-delà, mais il est allé au bout de ce qu'il pouvait faire*[1] *»*, juge le nouveau locataire de l'Élysée, un brin admiratif. Valls a-t-il pour autant sécurisé sa nomination au ministère de l'Intérieur ? *« Il connaît trop François pour ne pas le croire »*, glisse Thomas Hollande dans un sourire.

Thomas, Manuel, et… Stéphane Le Foll. Le fidèle numéro un, fragilisé au début de la conquête par l'arrivée de Pierre Moscovici, constitue le troisième

1. *Ibid.*

pilier de cette élection. Il est sur la photo au bas de la scène de Vincennes. Il a habilement su trouver sa place et garder l'oreille du candidat. Le Foll s'est imposé comme un vrai directeur de campagne bis. C'est lui qui a gardé la main sur l'agenda, le choix des déplacements. Ce grand gaillard aux cheveux poivre et sel et au tempérament affirmé a forcé sa nature pour arrondir les angles avec les nouveaux venus dans le staff de Hollande. Enfin, Faouzi Lamdaoui, le chef de cabinet-chauffeur-conseiller en costumes, qui menaçait de claquer la porte en novembre 2011, a finalement ravalé sa fierté et accompagné son candidat jusqu'au bout de l'aventure.

Au côté de ces visages connus, un petit nouveau a fait son apparition. Légèrement en retrait, on aperçoit sa silhouette dans la dernière image filmée à Vincennes. Petites lunettes rondes vissées sur le nez, mèche bien peignée et teint halé, voici Aquilino Morelle. L'ancienne plume de Lionel Jospin à Matignon s'est révélé comme une pièce maîtresse de l'équipe Hollande. Fils d'une famille d'immigrés espagnols, diplômé de médecine et de l'ENA, Morelle avait choisi Montebourg pendant la primaire. Il n'a pas quitté Hollande d'une semelle depuis l'automne, jusque dans les coulisses des journaux télévisés de 20 heures et des émissions politiques. Griffonnant, annotant les discours jusqu'au dernier moment qui précède les meetings. Le 22 avril à Tulle, il est le seul responsable politique auprès du candidat. Sarkozy a Guaino, Hollande a Morelle. François, Manuel et Aquilino. Ces trois-là constituaient le trio magique de Jospin à Matignon, le premier au parti, les deux autres au cabinet. Ils se retrouvent facilement en 2012.

Valérie Trierweiler, Thomas Hollande, Stéphane Le Foll, Manuel Valls, Aquilino Morelle, Faouzi Lamdaoui... tous accompagnent du regard Hollande lorsqu'il remonte la rampe qui conduit vers le devant de la scène. C'est sur eux que le futur Président s'est appuyé tout au long de cette campagne victorieuse.

L'esplanade de Vincennes est déjà noire de monde. Dans le carré VIP, les dirigeants socialistes qui hument le parfum de la victoire sont venus au grand complet. Jean-Paul Huchon, le président de la région Île-de-France, est au premier rang. Fabius, écharpe rouge autour du cou, sourit aux caméras. Tous les prétendants à Matignon dont les noms sont régulièrement cités par la presse sont là. Fabius donc, Aubry, Sapin, Ayrault... Tous l'ignorent, mais en réalité, des *« premiers ministrables »*, il n'y en a toujours eu que *« quatre, pas plus »*, de l'aveu même de Hollande. « *Mon casting n'a pas varié dans la campagne. J'ai toujours eu quatre noms*[1] », confiait-il à quelques jours du premier tour. Ces noms, il ne les a jamais évoqués publiquement, mais il les a confiés à l'un de ses plus proches, au tout début de l'année 2012, au cours d'une discussion informelle.

Le premier, Jean-Marc Ayrault, député-maire de Nantes et patron du groupe socialiste à l'Assemblée, est l'un de ses plus fidèles compagnons. Cela fait

1. Entretien avec les auteurs, le 17 avril 2012.

près de quinze ans que les deux hommes travaillent ensemble. Pendant toute la campagne, le futur Président l'a protégé, ne l'exposant pas trop dans les médias. Ayrault, ce serait une continuité politique du Président, comme Mauroy pour Mitterrand en 1981. « *Depuis le début, François a envie de le nommer à Matignon,* confirme Dominique Villemot après le premier tour. *C'est quasiment fait,* poursuit-il en faisant allusion au score élevé de Hollande. *Désormais, il a les mains libres*[1]. »

Deuxième nom cité : Martine Aubry. Le choix par défaut. Hollande ne la choisira que s'il y est contraint par une victoire trop étriquée, pour envoyer un signe aux partenaires de gauche, au Front de gauche en particulier. Une forme de cohabitation, comme si Mitterrand avait choisi Rocard dès mai 81. Soucieux de ne rien dire qui puisse rendre l'avenir trop compliqué, Hollande choisit ses mots lorsqu'il parle de la maire de Lille : « *Elle a été loyale, rectiligne, sans faute* », dit-il respectueusement. La campagne a pourtant révélé les lacunes de la maire de Lille aux yeux des hollandais de la première heure. « *Elle a été loyale, mais transparente,* juge l'un des plus proches du candidat socialiste. *À Lille, lors du meeting de la dernière semaine, elle n'a même pas été capable de remplir la salle !* »

Troisième piste, tout juste effleurée : Michel Sapin. Comme Aubry, le complice de l'ENA a l'avantage d'avoir été ministre des Finances, mais l'épisode sur la négociation de l'accord avec les Verts a fait baisser sa cote.

1. Entretien avec l'un des auteurs, le 26 avril 2012.

En fait, la vraie surprise, c'est le dernier nom que le futur Président a un temps envisagé pour Matignon. C'est une femme qui n'est pas présente à Vincennes. Et pour cause, elle ne fait pas partie de l'entourage politique du candidat. Pendant plusieurs semaines, le nouveau locataire de l'Élysée a imaginé nommer à Matignon une personnalité issue de la société civile : Anne Lauvergeon, ancienne conseillère de Mitterrand et ex-patronne d'Areva. « *On la voit souvent au QG de campagne*, affirme un proche de Hollande. *Elle lui a fait passer des notes pendant la primaire. Elle compte.* » Approchée en 2007 par Nicolas Sarkozy pour entrer au gouvernement, elle est devenue l'une de ses plus farouches opposantes. Elle lui reproche de ne pas l'avoir reconduite à la tête du géant du nucléaire et d'avoir multiplié les obstacles à son action. Elle en a même tiré un livre, à quelques semaines de la présidentielle, dans lequel elle dresse un portrait au vitriol de Nicolas Sarkozy[1]. Interrogé sur sa possible nomination à un poste ministériel, Hollande ne se dévoile pas. *« Elle est d'abord une dirigeante d'entreprise »*, répond le futur Président, qui reconnaît *« l'apprécier »*. En réalité, il a envisagé, à un moment de sa campagne, d'en faire bien plus qu'un ministre. Les circonstances ont finalement écarté cette hypothèse. Nommer à Matignon une figure du nucléaire français quand le débat sur la sortie de l'atome est engagé au sein de la gauche n'est pas le meilleur signal à envoyer. Par ailleurs, la situation de crise que traverse le pays et

1. *Une femme qui résiste*, Plon.

la nécessité de s'appuyer sur une gauche unie pour gouverner écartent Anne Lauvergeon de la course.

Les fidèles, les premiers ministrables et même le père spirituel, tous sont présents à Vincennes pour ce tableau final mis en scène autour de la nouvelle icône de la gauche. Le matin même, en mettant la dernière main à son intervention, Hollande relit certains discours de François Mitterrand de la campagne de 1981. *« Je m'aperçois qu'il y a des analogies dans les mots. "Le changement", "le rassemblement", "la réconciliation", il n'y a pas "deux France". Tous ces mots, je les ai prononcés pendant quatre mois,* se souvient Hollande. *Et juste avant Vincennes, en retrouvant les textes de Mitterrand, je me dis : "C'est ahurissant ! C'est moi qui les ai écrites, toutes ces phrases, ou c'est lui qui me les a transmises ?" »* Devant la foule massée au pied des remparts de Vincennes, Hollande scande les mêmes mots que Mitterrand prononça trente et un ans plus tôt : « *Vous voulez l'alternance ? Prenez-la tout de suite !* » Souvent, au cours de ces longues semaines, journalistes et observateurs l'ont soupçonné de cultiver une forme de mimétisme avec le Président défunt. Hollande ne l'a jamais reconnu ou identifié. Ni dans le ton de la voix, très grave et caverneuse, ni dans la gestuelle ou dans l'attitude derrière le pupitre. Mais au moment de gravir la dernière marche vers le pouvoir et de lui succéder à l'Élysée, François Hollande reconnaît une forme de transmission et d'héritage. *« Les forces spirituelles… je les ai consultées »*, concède-t-il, avant de nous saluer et de prendre congé.

Épilogue

Qui est François Hollande ? Personne ne peut répondre à cette question. Définir en quelques traits de caractère une personnalité qui nous semble pourtant familière et connue, se révèle impossible. Affable en public, maniant l'humour comme personne, d'humeur toujours égale. Un homme qui écoute beaucoup plus qu'il ne parle. Qui a du mal à dire « non », comme l'explique son fils Thomas Hollande : *« Il dit oui pour ne pas avoir à se livrer sur les raisons de son "non". Cela lui permet de conserver une vraie liberté, et de trancher après. »* Un politique qui n'aime pas le conflit et recherche la synthèse ou le consensus. Voilà, en quelques lignes, ce que l'on sait de lui. Ce que tout le monde sait de lui. C'est peu pour un président.

Hollande est une énigme. Il l'assume. De sa personnalité, ses amis les plus proches disent peu de chose. De ce qu'il ressent, de ce qui l'émeut, ils n'en savent pas davantage. Même Jean-Pierre Jouyet, cet affectif qui pose volontiers la main sur le bras de son interlocuteur, signe d'une empathie naturelle, est bien embarrassé lorsqu'il s'agit de qualifier l'affection qui le lie à son ami. *« C'est mystérieux, on s'apprécie beaucoup, on est très proches depuis toujours. C'est comme ça, je ne saurais pas expliquer pourquoi. »* André Martinez, « l'ami de quarante ans » qui partage les vacances en famille et les choix décisifs depuis toujours, n'est guère plus prolixe. *« Il est très pudique, à l'excès. Je me souviens d'une épreuve personnelle douloureuse qu'il avait eue à traverser. Je me suis retrouvé un moment seul avec lui, il m'a juste dit : "C'est dur." Et il s'est refermé. »* François Rebsamen, le député-maire de Dijon resté dix ans à ses côtés lors de son long règne à la tête du parti, ne se souvient pas d'avoir vu Hollande s'émouvoir. *« Ces instants de vérité où l'on cerne la personnalité profonde d'un individu sont très rares chez lui. Au fond,* ajoute Rebsamen, *je pense que Hollande est l'inverse d'un homme normal. C'est quelqu'un de beaucoup plus fort que ce que l'on croit, beaucoup plus fermé aussi. Un bloc de politique qui ne vit que pour ça. C'est simple, je n'ai jamais connu quelqu'un d'aussi difficile à cerner. »* Même Thomas Hollande concède qu'il ne sait pas, au fond, *« ce que pense (son) père. Moi son fils, je ne sais pas ce que mon père se dit à lui-même ».* Un père *« qui n'a pas vraiment d'amis,* affirme-t-il, *ce qui m'a toujours frappé ».* Un homme pudique à l'extrême, qui revendique ne pas vouloir montrer ses émotions, par opposition à un adversaire qui, lui, n'avait rien caché de sa vie privée au point de l'évoquer publiquement, jusque sur les plateaux télévisés. Lui ne fait qu'une seule entorse à cette ligne de conduite, en octobre 2010, lorsqu'il déclare sa flamme à Valérie Trierweiler dans *Gala.*

Pudique, secret, seul ? Nous lui avons demandé pour notre enquête de nous dire « *qui, à part lui-même, connaît François Hollande ?*

– *Je ne sais pas*, nous a-t-il répondu. *Je dis très peu de choses. Ce que je ressens profondément, même mes enfants ne le savent pas. Je suis très bavard, mais sur l'essentiel, sur moi, je ne dis rien. Même à mes proches, même à Valérie. Je pense qu'elle en souffre, d'ailleurs. Au fond, je n'ai pas de confident.* »

Remerciements

Que soient très chaleureusement remerciés ici tous ceux qui ont permis à ce livre d'exister.

Les personnalités politiques de gauche comme de droite qui ont accepté de nous parler.

Les proches de François Hollande, conseillers, amis, intimes qui nous ont fait suffisamment confiance pour nous livrer leurs témoignages.

Les confrères et amis qui nous ont fait partager des instants de campagne et leur regard sur François Hollande.

Mathias Hillion pour son soutien.

Ariane Chemin pour nous avoir guidés dans le monde de l'édition.

Notre éditeur, Alexandre Wickham, pour sa patience, ses conseils et le dialogue constructif qu'il a entretenu avec nous tout au long de ce travail.

Nos familles, parents, frères et sœurs pour leur aide, leur présence et leur affection.

Avec une pensée particulière vers Olivier et Martine pour leur soutien constant depuis toujours.

Merci à Juliette, à Eliott et Gédéon pour leur amour.

Merci à Mélanie pour son aide précieuse et à Manil de m'avoir porté dans la dernière ligne droite.

Une pensée enfin pour Jeannette, Henri et Tily.

Table

Des mêmes auteurs

Hold-uPS,
arnaques et trahisons

Éditions du Moment
2009

Composition Nord Compo
Impression CPI Bussière en mai 2012
à Saint-Amand-Montrond (Cher)
Editions Albin Michel
22, rue Huyghens, 75014 Paris
www.albin-michel.fr

N° d'édition : 20028/01. – N° d'impression : 121701/4.
Dépôt légal : mai 2012.
ISBN 978-2-226-24021-7
Imprimé en France.